Discurso sobre a origem e os fundamentos da desigualdade entre os homens

Dados Internacionais de Catalogação na Publicação (CIP)
(Câmara Brasileira do Livro, SP, Brasil)

Rousseau, Jean-Jacques, 1712-1778
Discurso sobre a origem e os fundamentos da desigualdade entre os homens / Jean-Jacques Rousseau ; tradução de Fábio Creder. – 1. ed. – Petrópolis, RJ : Vozes, 2021. – (Coleção Vozes de Bolso)

Título original: Discours sur l'origine et les fondements de l'inégalité parmi les hommes

ISBN 978-65-5713-117-6

1. Desigualdade social 2. Filosofia francesa I. Título. II. Série.

21-63436 CDD-194

Índices para catálogo sistemático:
1. Filosofia francesa 194

Maria Alice Ferreira – Bibliotecária – CRB-8/7964

Jean-Jacques Rousseau

Discurso sobre a origem e os fundamentos da desigualdade entre os homens

Tradução de Fábio Creder

Vozes de Bolso

Trradução realizada a partir do original em francês intitulado
Discours sur l'origine et les fondements de l'inégalité parmi les hommes
disponível no site: www.rousseauonline.ch

Rua Frei Luís, 100
25689-900 Petrópolis, RJ
www.vozes.com.br
Brasil

Diagramação: Sheilandre Desenv. Gráfico
Revisão gráfica: Jaqueline Moreira
Capa: Ygor Moretti

ISBN 978-65-5713-117-6

Editado conforme o novo acordo ortográfico.

Este livro foi composto e impresso pela Editora Vozes Ltda.

Sumário

Discurso sobre a origem e os fundamentos da desigualdade entre homens

Por Jean-Jacques Rousseau, cidadão de Genebra.

Non in depravatis, sed in his quae bene secundum naturam se habent, considerandum est quid sit naturale.[1]

ARISTOT. Politic. L. 1.

1. "Devemos investigar o que é natural não nas coisas que são depravadas, mas naquelas que são corretamente ordenadas de acordo com a natureza." (N.T.)

Dedicatória

À república de Genebra; magníficos, muito honrados e soberanos senhores,

Convencido de que só pertence ao cidadão virtuoso render à sua pátria as honras que ela possa reconhecer, há trinta anos trabalho para merecer oferecer-vos uma homenagem pública; e, porquanto essa feliz ocasião supre em parte o que os meus esforços não puderam fazer, acreditei que me seria permitido consultar aqui o zelo que me anima, mais do que o direito que deveria me autorizar. Tendo tido a sorte de nascer entre vós, como eu poderia meditar sobre a igualdade que a natureza estabeleceu entre os homens, e sobre a desigualdade que eles instituíram, sem pensar na profunda sabedoria com a qual uma e outra, felizmente combinadas neste Estado, contribuem, da maneira mais análoga à lei natural e mais favorável à sociedade, para a manutenção da ordem pública e para a felicidade dos indivíduos? Ao buscar as melhores máximas que o bom senso possa ditar sobre a constituição de um governo, fiquei tão impressionado de vê-las todas em execução no vosso, que, mesmo sem ter nascido nos vossos muros, teria acreditado não poder me dispensar de oferecer esse quadro da sociedade humana àquele que, de todos os povos, me parece possuir as maiores vantagens e ter melhor prevenido os abusos.

Se tivesse que escolher o lugar de meu nascimento, eu teria escolhido uma sociedade de um tamanho limitado pela extensão das faculdades humanas, ou seja, pela possibilidade de ser bem governada, e onde, sendo cada um suficiente para o seu emprego, ninguém seria constrangido a incumbir outros das funções das quais foi encarregado: um Estado onde, porquanto todos os indivíduos se conheceriam, nem as manobras obscuras do vício, nem a modéstia da virtude teriam podido subtrair-se aos olhos e ao julgamento do público, e onde esse doce hábito de ver-se e de conhecer-se faria do amor à pátria o amor aos cidadãos em vez de à terra.

Eu teria querido nascer em um país onde o soberano e o povo não pudessem ter senão um único e mesmo interesse, a fim de que todos os movimentos da máquina jamais tendessem senão à felicidade comum; o que, não podendo acontecer a menos que o povo e o soberano sejam a mesma pessoa, segue-se que eu teria querido nascer sob um governo democrático, sabiamente temperado.

Eu teria querido viver e morrer livre, ou seja, de tal maneira submetido às leis, que nem eu nem ninguém pudesse sacudir o honroso jugo; esse jugo salutar e suave, que as cabeças mais orgulhosas suportam tanto mais docilmente quanto sejam feitas para não suportar nenhum outro.

Eu teria, portanto, querido que ninguém no Estado pudesse dizer-se acima da lei, e que ninguém de fora pudesse impor que o Estado fosse obrigado a reconhecê-lo; pois, qualquer que possa ser a constituição de um governo, se aí encontrar-se um único homem que não esteja submetido à lei, todos os outros estarão necessariamente à discrição deste; [nota 1] e se houver um chefe nacional e um outro chefe estrangeiro, qualquer partilha de autoridade que eles possam fazer, é impossível que ambos sejam bem obedecidos, e que o estado seja bem governado.

Eu não teria, de maneira alguma, querido habitar uma República recém-instituída, ainda que pudesse ter boas leis, por receio de que o governo, constituído talvez de maneira inoportuna para o momento, não convindo aos novos cidadãos, ou os cidadãos ao novo governo, o Estado fosse sujeito a ser abalado e destruído quase desde o seu nascimento. Pois com a liberdade se passa o mesmo que com os alimentos sólidos e suculentos, ou os vinhos generosos, apropriados para nutrir e fortificar os temperamentos robustos dos que estão habituados a eles, mas que exaurem, arruínam e intoxicam os fracos e delicados que não foram feitos para isso. Os povos, uma vez acostumados a senhores, já não são capazes de prescindir deles. Se tentam sacudir o jugo, afastam-se tanto da liberdade, que a tomando por uma licença desenfreada, que lhe é oposta, suas revoluções os entregam quase sempre a sedutores que apenas agravam suas cadeias. Mesmo o povo romano, esse modelo de todos os povos livres, foi incapaz de governar-se ao sair da opressão dos Tarquínios. Aviltado pela escravidão e pelos trabalhos ignominiosos que eles lhe haviam imposto, no início só precisava administrar e governar com a maior sabedoria uma populaça estúpida, a fim de que, acostumando-se pouco a pouco a respirar o ar salutar da liberdade, essas almas enervadas, ou melhor, embrutecidas sob a tirania, adquirissem gradativamente a severidade de modos e a altivez de coragem que o tornou enfim o mais respeitável de todos os povos. Eu teria, portanto, buscado para ser minha pátria uma feliz e tranquila república, cuja antiguidade se perdesse, de certa forma, na noite dos tempos, que só tivesse experimentado atentados capazes de manifestar e fortalecer em seus habitantes a coragem e o amor à pátria, e onde os cidadãos, acostumados de longa data a uma sábia independência, fossem não somente livres, mas digno de sê-lo.

Eu teria querido escolher para mim uma pátria desviada, por uma feliz impotência, do amor feroz pelas conquistas, e garantida, por uma posição ainda mais feliz, contra o medo de tornar-se ela mesma a conquista de um outro Estado; uma cidade livre, situada entre vários povos dos quais nenhum tivesse interesse de invadi-la, e dos quais cada um tivesse interesse de impedir os outros de invadi-la; uma república, em suma, que não tentasse a ambição de seus vizinhos, e que pudesse razoavelmente contar com a sua ajuda, se necessário. Segue-se que, em uma posição tão feliz, ela nada teria tido a temer senão a si mesma, e que, se os seus cidadãos fossem treinados nas armas, teria sido antes para manter neles esse ardor guerreiro e essa altivez de coragem que convêm tão bem à liberdade e que nutrem o gosto por ela, do que pela necessidade de prover sua própria defesa.

Eu teria buscado um país onde o direito de legislação fosse comum a todos os cidadãos; pois quem pode saber melhor do que eles sob quais condições lhes convém viverem juntos em uma mesma sociedade? Mas não aprovaria plebiscitos semelhantes aos dos romanos, nos quais os chefes de Estado e os mais interessados na sua conservação eram excluídos das deliberações das quais frequentemente dependia sua salvação, e nos quais, por uma absurda inconsequência, os magistrados eram privados dos direitos usufruídos pelos cidadãos comuns.

Ao contrário, eu teria desejado que, para deter os projetos interessados e mal concebidos, e as inovações perigosas que enfim arruinaram os atenienses, ninguém tivesse o poder de propor novas leis ao seu gosto; que esse direito pertencesse exclusivamente aos magistrados, e que mesmo eles o usassem com bastante circunspecção; que o povo, por sua vez, fosse tão reservado em dar seu consentimento a essas leis, e que a promulgação só se pudesse fazer com tanta solenidade, que antes que a constituição fosse abalada, se tivesse tempo de convencer-se de que é sobretudo a grande antiguidade das leis que as torna santas e veneráveis; pois que o povo logo despreza aquelas que ele vê mudarem todos os dias, e, acostumando-se a negligenciar os antigos usos, sob pretexto de melhorá-los, introduz-se frequentemente grandes males para corrigir males menores.

Eu teria fugido, sobretudo, como necessariamente mal governada, de uma república em que o povo, acreditando poder prescindir de seus magistrados ou deixar-lhes apenas uma autoridade precária, tivesse imprudentemente mantido a administração dos assuntos civis e a execução de suas próprias leis; tal deve ter sido a grosseira constituição dos primeiros governos imediatamente provenientes do estado de natureza, e tal foi ainda um dos vícios que levaram a república de Atenas à perdição.

Mas eu teria escolhido aquela onde os indivíduos, contentando-se em dar sanção às leis, e em decidir enquanto corpo, e segundo o relatório dos chefes, os mais importantes assuntos públicos, estabelecessem tribunais respeitados, distinguissem com cuidado os diversos departamentos, elegessem de ano em ano os mais capazes e os mais íntegros de seus concidadãos para administrar a justiça e governar o Estado; e onde a virtude dos magistrados, testemunhando assim a sabedoria do povo, uns aos outros se honrassem mutuamente. De sorte que, se por ventura funestos mal-entendidos viessem a perturbar a concórdia pública, esses tempos mesmos, de cegueira e de erros, fossem marcados por testemunhos de moderação, de estima recíproca e de um comum respeito pelas leis; presságios e garantias de uma reconciliação sincera e perpétua.

Tais são, MAGNÍFICOS, MUITO HONRADOS E SOBERANOS SENHORES, as vantagens que eu teria buscado na pátria que tivesse escolhido. Pois que se a Providência ainda lhe tivesse acrescentado uma situação encantadora, um clima temperado, uma terra fértil e o aspecto mais delicioso que exista sob o céu, eu só teria desejado, para completar minha felicidade, gozar de todos esses bens no seio dessa pátria feliz, vivendo pacificamente em uma doce sociedade com meus concidadãos, exercendo para com eles, e a exemplo deles, a humanidade, a amizade e todas as virtudes, e deixando atrás de mim a honorável memória de um homem de bem e de um honesto e virtuoso patriota.

Se, menos feliz ou sábio tarde demais, eu me tivesse visto reduzido a terminar em outros climas uma enferma e lânguida carreira, lamentando inutilmente o repouso e a paz dos quais uma juventude imprudente me teria privado; eu teria, pelo menos, nutrido em minha alma esses mesmos sentimentos que eu não teria podido fazer uso em meu país, e penetrado de uma afeição terna e desinteressada pelos meus concidadãos distantes, eu lhes teria dirigido, do fundo do meu coração, aproximadamente o seguinte discurso.

Meus caros concidadãos, ou melhor, meus irmãos, porquanto os laços de sangue, assim como as leis, nos unem quase todos; me é doce não poder pensar em vós sem pensar ao mesmo tempo em todos os bens que gozais e cujo preço nenhum de vós talvez conheça melhor do que eu, que os perdi. Quanto mais eu reflito sobre a vossa situação política e civil, tanto menos posso imaginar que a natureza das coisas humanas possa comportar uma melhor. Em todos os outros governos, quando se trata de assegurar o maior bem do Estado, tudo se limita sempre a projetos em ideias, e, no máximo, a simples possibilidades; para vós, vossa felicidade está pronta, basta gozá-la; e já não precisais, para tornar-vos perfeitamente felizes, senão saber contentar-vos em sê-lo. Vossa soberania, adquirida ou recuperada à ponta da espada, e conservada durante dois séculos à força de valor e sabedoria, é enfim plena e universalmente reconhecida. Tratados honoráveis fixam vossos limites, asseguram vossos direitos e consolidam vosso repouso. Vossa constituição é excelente, ditada pela mais sublime razão e garantida por potências amigas e respeitáveis; vosso Estado é tranquilo, vós não tendes guerras nem conquistadores a temer; não tendes outros senhores além das sábias leis que fizestes, administradas por magistrados íntegros que são de vossa escolha; vós não sois nem assaz ricos para vos enervar com a indolência e perder em vãs delícias o gosto da verdadeira felicidade e das sólidas virtudes, nem assaz pobres para ter necessidade de mais socorro estrangeiro do que a vossa indústria vos fornece; e essa liberdade preciosa, que não se mantém nas grandes nações a não ser com impostos exorbitantes, não vos custa quase nada conservar.

Possa durar para sempre, pela felicidade de seus cidadãos e pelo exemplo dos povos, uma república tão sábia e felizmente constituída! Eis o único voto que vos resta fazer e o único cuidado que vos resta tomar. Cabe a vós somente, doravante, não fazer vossa felicidade, porquanto os vossos antepassados vos pouparam desse trabalho, mas torná-la duradoura pela sabedoria de bem usá-la. É de vossa união perpétua, de vossa obediência às leis, de vosso respeito pelos seus ministros que depende vossa conservação. Se restar entre vós o menor germe de amargura ou desconfiança, apressai-vos em destruí-lo como um fermento funesto do qual resultariam, mais cedo ou mais tarde, vossos infortúnios e a ruína do Estado. Conjuro-vos todos a entrar no fundo do vosso coração, e a consultar a voz secreta da vossa consciência. Alguém dentre vós conhece no universo um corpo mais íntegro, mais esclarecido e mais respeitável do que o de vossa magistratura? Todos os seus membros não vos dão o exemplo da moderação, da simplicidade de modos, do respeito pelas leis e da mais sincera reconciliação? Rendei, portanto, sem reserva, a tão sábios chefes, essa salutar confiança que a razão deve à virtude; pensai que são de vossa escolha, que a justificam, e que as honras devidas àqueles que tendes constituído em dignidade recaem necessariamente sobre vós mesmos. Nenhum de vós é tão pouco esclarecido para ignorar que, onde cessa o vigor das leis e a autoridade de seus defensores, não pode haver segurança nem liberdade para ninguém. De que se trata, então, entre vós, senão de fazer de bom coração e com uma justa confiança o que seríeis sempre obrigado a fazer por um verdadeiro interesse, por dever e pela razão? Que uma culpável e funesta indiferença pela manutenção da constituição nunca vos faça negligenciar, se necessário, os sábios conselhos dos mais esclarecidos e dos mais zelosos dentre vós, mas que a equidade, a moderação e a mais respeitosa firmeza continuem a regular todos os vossos empreendimentos, e a mostrar em vós, a todo o universo, o exemplo de um povo orgulhoso e modesto, tão cioso de sua glória quanto de sua liberdade. Guardai-vos, sobretudo, e este será o meu último conselho, de alguma vez escutar interpretações sinistras e discursos envenenados cujos motivos secretos são muitas vezes mais perigosos do que as ações das quais são objeto. Toda uma casa desperta e se levanta alarmada aos primeiros gritos de um bom e fiel guardião que só ladra quando da aproximação de ladrões; mas odeia-se a importunidade desses animais barulhentos que perturbam sem cessar o repouso público, e cujas advertências contínuas e deslocadas nem mesmo se fazem escutar no momento em que são necessárias.

E vós, MAGNÍFICOS E MUITO HONRADOS SENHORES, dignos e respeitáveis magistrados de um povo livre, permiti-me oferecer-vos, em particular, minhas homenagens e meus deveres. Se há no mundo uma posição própria a ilustrar os que a ocupam, é, sem dúvida, aquela conferida pelos talentos e pelas virtudes, aquela da qual vos tornastes dignos e à qual vossos concidadãos vos elevaram. O seu mérito próprio acrescenta ainda ao vosso um novo brilho; e escolhidos por homens capazes de governar outros, para governá-los a eles mesmos, eu vos considero tão acima dos outros magistrados quanto um povo livre, e sobretudo aquele que tendes a honra de conduzir, está, por suas luzes e pela sua razão, acima da populaça dos outros Estados.

Que me seja permitido citar um exemplo do qual deveriam restar os melhores traços, e que estará sempre presente no meu coração. Sempre recordo-me, com a mais doce emoção, a memória do virtuoso cidadão de quem recebi as luzes, e que amiúde nutriu minha infância com o respeito que vos era devido. Eu o vejo ainda vivendo do trabalho de suas mãos e nutrindo sua alma com as verdades mais sublimes. Vejo Tácito, Plutarco e Grotius, reunidos diante dele com os instrumentos de seu ofício. Vejo ao seu lado um filho querido, recebendo, com muito pouco fruto, as ternas instruções do melhor dos pais. Mas se os devaneios de uma louca juventude me fizeram esquecer, durante um tempo, de tão sábias lições, tenho a felicidade de provar enfim que, qualquer pendor que se tenha para o vício, é difícil que uma educação da qual o coração se ocupe permaneça perdida para sempre.

Tais são, MAGNÍFICOS E MUITO HONRADOS SENHORES, os cidadãos e mesmo os simples habitantes nascidos no Estado que governais; tais são esses homens instruídos e sensatos, dos quais, sob o nome de operários e de povo, se tem, nas outras nações, ideias tão baixas e tão falsas. Meu pai, eu o admito com alegria, não se distinguia entre seus concidadãos; não era senão o que todos são; e, tal como ele era, não há terra alguma na qual o seu convívio não tenha sido buscado, cultivado, e mesmo com fruto, pelas pessoas mais honestas. Não me pertence e, graças ao Céu, não é necessário vos falar da consideração que podem esperar de vós homens dessa têmpera, vossos iguais pela educação, assim como pelos direitos da natureza e do nascimento; vossos inferiores por vontade deles, pela preferência que devem a vosso mérito, que lha concederam, e pela qual vós lhes deveis, por vossa vez, uma espécie de reconhecimento. Aprendo, com uma viva satisfação, com quanta doçura e condescendência vós temperais com eles a gravidade conveniente aos ministros das leis; o quanto vós lhes prestais em estima e atenção o que eles vos devem de obediência e respeito; conduta plena de justiça e sabedoria, própria a afastar cada vez mais a memória dos eventos infelizes que é preciso esquecer para nunca mais os rever: conduta tanto mais judiciosa, porquanto esse povo equitativo e generoso faz para si um prazer de seu dever, porquanto gosta naturalmente de vos honrar, e porquanto os mais ardentes em afirmar seus direitos são os mais propensos a respeitar os vossos.

Não deve ser surpreendente que os chefes de uma sociedade civil amem sua glória e felicidade, mas é demais para o repouso dos homens que aqueles que se veem como os magistrados, ou antes como os mestres de uma pátria mais santa e mais sublime, testemunhem algum amor pela pátria terrestre que os alimenta. Quão suave é para mim poder fazer em nosso favor uma exceção tão rara, e colocar na posição de nossos melhores cidadãos esses zelosos depositários dos dogmas sagrados autorizados pelas leis, esses veneráveis pastores de almas, cuja viva e doce eloquência traz tanto melhor nos corações as máximas do Evangelho, que começam sempre por praticá-las eles mesmos! Todo mundo sabe com que sucesso a grande arte do púlpito é cultivada em Genebra. Mas, demasiado acostumadas a ver dizer de uma maneira e fazer de outra, poucas pessoas sabem até que ponto o espírito do cristianismo, a santidade dos costumes, a severidade para consigo e a gentileza para com outrem, reinam no corpo de nossos ministros. Talvez pertença exclusivamente à cidade de Genebra mostrar o exemplo edificante de uma tão perfeita união entre uma sociedade de teólogos e homens de letras; é em grande parte sobre sua sabedoria e moderação reconhecidas, é sobre seu zelo pela prosperidade do Estado que eu fundo a esperança de sua eterna tranquilidade; e verifico, com um prazer mesclado com espanto e respeito, o quanto têm horror às detestáveis máximas desses homens sagrados e bárbaros, dos quais a história fornece mais de um exemplo, e que, para afirmar os pretensos direitos de Deus, isto é, seus interesses, eram tanto menos avaros com o sangue humano, que se lisonjeavam de que o seu seria sempre respeitado.

Será que eu poderia esquecer dessa preciosa metade da república que faz a felicidade da outra, e cuja doçura e sabedoria nela mantêm a paz e os bons costumes? Amáveis e virtuosas cidadãs, a sorte de vosso sexo será sempre governar o nosso. Quão felizes ficamos quando vosso casto poder, exercido somente na união conjugal, faz-se sentir apenas pela glória do Estado e a felicidade pública. É assim que as mulheres comandavam em Esparta, e é assim que mereceis comandar em Genebra. Que homem bárbaro poderia resistir à voz da honra e da razão na boca de uma terna esposa; e quem não desprezaria um luxo vão, vendo vosso simples e modesto adorno, que, pelo brilho que retém de vós, parece ser o mais favorável à beleza? Cabe a vós manter sempre, por vosso amável e inocente império, e por vosso espírito insinuante, o amor às leis do Estado e a concórdia entre os cidadãos; reunir, por felizes casamentos, as famílias divididas; e, sobretudo, corrigir, pela persuasiva doçura de vossas lições, e pelas graças modestas de vossa conversação, as excentricidades que nossos jovens vão adotar em outros países, de onde, em lugar de tantas coisas úteis, as quais poderiam desfrutar, eles relatam, com um tom pueril e ares ridículos adquiridos dentre mulheres perdidas, apenas a admiração por não sei que pretensas grandezas, frívolas compensações pela servidão, que não valerão jamais a augusta liberdade. Sede, portanto, sempre o que sois, as castas guardiãs dos costumes e os doces laços da paz, e continuai a fazer valer, em toda ocasião, os direitos do coração e da natureza em proveito do dever e da virtude.

Orgulho-me de não ser desmentido pelos acontecimentos ao fundar sobre tais garantias a esperança da felicidade comum dos cidadãos e da glória da república. Admito que, com todas essas vantagens, ela não brilhará com esse brilho pelo qual a maioria dos olhos é deslumbrada, e cujo gosto pueril e funesto é o mais mortal inimigo da felicidade e da liberdade. Que uma juventude dissoluta vá buscar alhures prazeres fáceis e longos arrependimentos. Que as pretensas pessoas de bom gosto admirem em outros lugares a grandiosidade dos palácios, a beleza das carruagens, os soberbos mobiliários, a pompa dos espetáculos e todos os refinamentos da indolência e do luxo. Em Genebra, não se encontrará senão homens; e, no entanto, um tal espetáculo tem seu preço, e aqueles que o buscarem, valerão tanto quanto os admiradores do resto.

Dignai-vos, MAGNÍFICOS, MUITO HONRADOS E SOBERANOS SENHORES, receber todos com a mesma bondade os respeitosos testemunhos do interesse que tenho por vossa prosperidade comum. Se fui assaz infeliz para ser culpado de algum transporte indiscreto nessa viva efusão do meu coração, suplico-vos perdoar-lhe a terna afeição de um verdadeiro patriota, e o zelo ardente e legítimo de um homem que não vislumbra maior felicidade para si mesmo do que a de vos ver todos felizes.

Sou, com o mais profundo respeito,

MAGNÍFICOS, MUITO HONRADOS E SOBERANOS SENHORES,

Vosso muito humilde e muito obediente servidor e concidadão,

JEAN-JACQUES ROUSSEAU.

Chambéry, 12 de junho de 1754.

Prefácio

O mais útil e o menos avançado de todos os conhecimentos humanos me parece ser o do homem, [nota 2] e ouso dizer que só a inscrição do templo de Delfos continha um preceito mais importante e mais difícil do que todos os grandes livros dos moralistas. Também vejo o tema deste discurso como uma das questões mais interessantes que a filosofia possa propor, e, infelizmente para nós, como uma das mais espinhosas que os filósofos possam resolver: pois como conhecer a fonte da desigualdade entre os homens se não começarmos por conhecê-los eles mesmos? E como o homem acabará por ver-se tal como o formou a natureza, através de todas as mudanças que a sucessão dos tempos e das coisas teve que produzir em sua constituição original, e desemaranhar o que ele tem de seus próprios fundos do que as circunstâncias e seus progressos ajuntaram ou mudaram em seu estado primitivo? Semelhante à estátua de Glauco, que o tempo, o mar e as tempestades haviam de tal maneira desfigurado, que se assemelhava menos a um deus do que a uma fera, a alma humana, alterada no seio da sociedade por mil causas sem cessar renascentes, pela aquisição de uma multitude de conhecimentos e de erros, pelas mudanças ocorridas na constituição dos corpos e pelo choque contínuo das paixões, mudou, por assim dizer, de aparência, a ponto de ser quase irreconhecível; e nela encontramos, em lugar de um ser que age sempre por princípios certos e invariáveis, em lugar dessa celeste e majestosa simplicidade que seu autor lhe imprimiu, apenas o disforme contraste da paixão que crê raciocinar e do entendimento delirante.

O que há de mais cruel ainda é que, como todos os progressos da espécie humana a afastam sem cessar de seu estado primitivo, quanto mais acumulamos novos conhecimentos, mais nos privamos dos meios de adquirir o mais importante de todos; e, em certo sentido, é de tanto estudar o homem que nos tornamos incapazes de o conhecer.

É fácil ver que é nessas mudanças sucessivas da constituição humana que se deve buscar a primeira origem das diferenças que distinguem os homens, os quais, todos o admitem, são naturalmente tão iguais entre si quanto o eram os animais de cada espécie, antes que diversas causas físicas tivessem introduzido em algumas as variedades que aí observamos. Com efeito, não é concebível que essas primeiras mudanças, por qualquer meio que tenham acontecido, tenham alterado, de uma só vez e da mesma maneira todos os indivíduos da espécie; mas tendo alguns se aperfeiçoado ou deteriorado, e tendo adquirido diversas qualidades, boas ou más, que não eram inerentes à sua natureza, os outros permaneceram por mais tempo em seu estado original; e tal foi, entre os homens, a primeira fonte da desigualdade, que é mais fácil demonstrar assim em geral do que lhe atribuir com precisão as verdadeiras causas.

Que meus leitores não imaginem, portanto, que ouso me lisonjear de ter visto o que me parece tão difícil de ver. Comecei alguns raciocínios: arrisquei algumas conjecturas, menos na esperança de resolver a questão do que na intenção de esclarecê-la e de reduzi-la a seu verdadeiro estado. Outros poderão facilmente ir mais longe no mesmo caminho, sem que seja fácil para ninguém chegar a termo; pois não é um leve empreendimento desemaranhar o que há de originário e de artificial na natureza atual do homem, e bem conhecer um estado que não existe mais, que talvez nunca tenha existido, que provavelmente jamais existirá, e do qual é, no entanto, necessário ter noções justas para bem julgar nosso estado presente. Seria necessário mesmo mais filosofia do que se pensa àquele que tentasse determinar exatamente as precauções a tomar para fazer acerca desse tema sólidas observações; e uma boa solução do problema seguinte não me pareceria indigna dos Aristóteles e dos Plínios de nosso século. *Quais experiências seriam necessárias para se chegar a conhecer o homem natural; e quais são os meios de fazer essas experiências no seio da sociedade?* Longe de tentar resolver esse problema, creio já ter meditado suficientemente sobre o assunto para ousar responder de antemão que os maiores filósofos não serão demasiado bons para dirigir essas experiências, nem os mais poderosos soberanos para fazê-las; concurso com o qual não é muito razoável contar, sobretudo com a perseverança, ou melhor, a sucessão de luzes e de boa vontade necessária de ambas as partes para alcançar o sucesso.

Essas pesquisas tão difíceis de fazer, e nas quais se tem pensado tão pouco até agora, são, no entanto, os únicos meios que nos restam para levantar uma multitude de dificuldades que nos roubam o conhecimento dos fundamentos reais da sociedade humana. É essa ignorância da natureza do homem que lança tanta incerteza e obscuridade sobre a verdadeira definição de direito natural: porque a ideia de direito, diz o sr. Burlamaqui, e mais ainda a de direito natural, são manifestamente ideias relativas à natureza do homem. É, portanto, dessa natureza mesma do homem, ele continua, de sua constituição e de seu estado, que é preciso deduzir os princípios dessa ciência.

Não é sem surpresa e sem escândalo que se nota o pouco acordo que reina sobre essa importante matéria entre os diversos autores que dela trataram. Entre os mais sérios escritores, dificilmente encontram-se dois que sejam da mesma opinião sobre esse ponto. Sem falar dos antigos filósofos, que parecem ter assumido a tarefa de se contradizer entre si sobre os princípios mais fundamentais, os jurisconsultos romanos sujeitam indiferentemente o homem e todos os outros animais à mesma lei natural, porque consideram antes, sob esse nome, a lei que a natureza impõe-se a si mesma, e não aquela que ela prescreve; ou antes, por causa da acepção particular segundo a qual esses jurisconsultos entendem a palavra lei, que eles parecem tomar, nessa ocasião, apenas pela expressão das relações gerais estabelecidas pela natureza entre todos os seres animados para sua comum conservação. Os modernos, ao reconhecerem sob o nome de lei apenas uma regra prescrita a um ser moral, isto é, inteligente, livre e considerado nas suas relações com outros seres, limitam consequentemente ao único animal dotado de razão, isto é, ao homem, a competência da lei natural; mas definindo essa lei cada um ao seu modo, eles a estabelecem todos sobre princípios tão metafísicos, que há, mesmo entre nós, bem poucas pessoas em condições de compreender esses princípios, estando longe de poder encontrá-los por si mesmas. De sorte que todas as definições desses sábios homens, aliás em perpétua contradição entre si, concordam somente nisso: que é impossível entender a lei da natureza, e, por conseguinte, obedecê-la, sem ser um muito grande pensador e um profundo metafísico. O que significa, precisamente, que os homens tiveram de empregar, para o estabelecimento da sociedade, luzes que só se desenvolvem com muita dificuldade, e para muito poucas pessoas, no seio dessa mesma sociedade.

Conhecendo tão pouco a natureza e concordando tão mal sobre o sentido da palavra lei, seria bem difícil convir uma boa definição da lei natural. Mesmo todas as que se encontram nos livros, além do defeito de não serem uniformes, têm ainda o de serem tiradas de vários conhecimentos que os homens não têm naturalmente, e de vantagens cuja ideia só podem conceber após terem saído do estado de natureza. Começa-se por procurar as regras que, para a utilidade comum, seria pertinente que os homens conviessem entre si, e então, dá-se o nome de lei natural à coleção dessas regras, sem outra prova além do bem que se acha que resultaria de sua prática universal. Eis certamente uma maneira muito cômoda de compor definições e de explicar a natureza das coisas por convenções quase arbitrárias.

Mas enquanto não conhecermos o homem natural, é em vão que quereremos determinar a lei que ele recebeu ou a que convém melhor à sua constituição. Tudo o que podemos ver muito claramente acerca dessa lei é que, não somente, para que ela seja lei, é preciso que a vontade daquele que ela obriga possa submeter-se a ela com conhecimento, mas que é preciso ainda, para que ela seja natural, que fale imediatamente pela voz da natureza.

Deixando, portanto, todos os livros científicos que nos ensinam apenas a ver os homens tais como foram feitos, e meditando sobre as primeiras e mais simples operações da alma humana, creio nela perceber dois princípios anteriores à razão, um dos quais nos interessa ardentemente para o nosso bem-estar e a conservação de nós mesmos, e o outro nos inspira uma repugnância natural em ver perecer ou sofrer todo ser sensível, principalmente nossos semelhantes. É do concurso e da combinação que nosso espírito é capaz de fazer desses dois princípios, sem que seja necessário nele fazer entrar o da sociabilidade, que me parecem decorrer todas as regras do direito natural; regras que a razão é então forçada a restabelecer sobre outros fundamentos, quando, por seus desenvolvimentos sucessivos, acaba por sufocar a natureza.

Dessa maneira, não se é de modo algum obrigado a fazer do homem um filósofo antes de fazer dele um homem; seus deveres para com outrem não lhe são unicamente ditados pelas tardias lições da sabedoria; e enquanto não resistir ao impulso interior da comiseração, ele nunca fará mal a um outro homem, nem mesmo a algum ser sensível; exceto no caso legítimo no qual, sua conservação encontrando-se interessada, ele é obrigado a dar a preferência a si mesmo. Por esse meio, termina-se também as antigas disputas sobre a participação dos animais na lei natural; pois é claro que, desprovidos de luzes e de liberdade, eles não podem reconhecer essa lei; mas, tendo algo a ver com nossa natureza pela sensibilidade da qual são dotados, julgar-se-á que devam também participar do direito natural, e que o homem esteja sujeitado a eles por alguma espécie de deveres. Parece, com efeito, que se sou obrigado a não fazer mal algum a meu semelhante, é menos porque ele é um ser razoável do que porque ele é um ser sensível; qualidade que, sendo comum ao animal e ao homem, deve pelo menos dar a um o direito de não ser maltratado inutilmente pelo outro.

Esse mesmo estudo do homem original, de suas verdadeiras necessidades e dos princípios fundamentais de seus deveres, é ainda o único bom meio que se pode empregar para remover essas multidões de dificuldades que se apresentam sobre a origem da desigualdade moral, sobre os verdadeiros fundamentos do corpo político, sobre os direitos recíprocos de seus membros e sobre mil outras questões semelhantes, tão importantes quanto mal esclarecidas.

Considerando-se a sociedade humana com um olhar tranquilo e desinteressado, ela parece mostrar de antemão apenas a violência dos homens poderosos e a opressão dos fracos: o espírito revolta-se contra a dureza de uns; é-se levado a deplorar a cegueira de outros; e como nada é menos estável dentre os homens do que essas relações exteriores que o acaso produz mais amiúde do que a sabedoria, e que são chamadas de fraqueza ou poder, riqueza ou pobreza, os estabelecimentos humanos parecem, à primeira vista, fundados sobre montões de areia movediça; somente examinando-os de perto, somente após ter removido a poeira e a areia que envolvem o edifício, percebe-se a base inabalável sobre a qual está erguido e aprende-se a respeitar-lhe os fundamentos. Ora, sem o estudo sério do homem, de suas faculdades naturais e de seus desenvolvimentos sucessivos, nunca se chegará a fazer essas distinções, e a separar, na atual constituição das coisas, o que fez a vontade divina do que a arte humana pretendeu fazer. As investigações políticas e morais cuja origem foi dada pela importante questão que examino, são, portanto, úteis de todas as maneiras, e a história hipotética dos governos é para o homem uma lição instrutiva em todos os aspectos. Considerando-se o que teríamos nos tornado, abandonados a nós mesmos, devemos aprender a abençoar aquele cuja mão benfazeja, corrigindo nossas instituições e dando-lhes uma assento inabalável, preveniu as desordens que deveriam resultar elas e fez nascer nossa felicidade dos meios que pareciam dever colmatar nossa miséria.

Quem te Deus esse
Jussit, et humana qua parte locatus es in re,
Disce.[2]

---

2. "Aprende o que a divindade quis que fosses, e qual é teu lugar no mundo humano" (Pérsio, Sátiras, III, 71-73). (N.T.)

Advertência sobre as notas

(de J.-J. Rousseau)

Acrescentei algumas notas a esta obra, segundo meu costume preguiçoso de trabalhar aos trancos e barrancos; essas notas desviam-se por vezes do assunto o bastante para não serem boas de se ler com o texto. Eu as removi para o final do Discurso, onde tratei de seguir, tanto quanto possível, pelo caminho mais direto. Os que tiverem a coragem de recomeçar, poderão divertir-se, pela segunda vez, procurando em toda parte, e tentando percorrer as notas; não fará muito mal que os outros não as leiam.

Questão proposta pela Academia de Dijon

Qual é a origem da desigualdade entre os homens e se ela é autorizada pela lei natural.

DISCURSO SOBRE A ORIGEM E OS FUNDAMENTOS DA DESIGUALDADE ENTRE OS HOMENS

[INTRODUÇÃO]

É do homem que preciso falar, e a questão que examino ensina-me que vou falar a homens; pois não se propõem questões semelhantes quando se teme honrar a verdade. Defenderei, portanto, com confiança, a causa da humanidade perante os sábios que me convidam a fazê-lo, e não poderei descontentar-me comigo mesmo se me tornar digno de meu tema e de meus juízes.

Concebo na espécie humana dois tipos de desigualdade: uma, que chamo de natural ou física, porque é estabelecida pela natureza e consiste na diferença de idades, saúde, força corporal e qualidades do espírito ou da alma; e outra, que se pode chamar de desigualdade moral ou política, porque depende de uma espécie de convenção e é estabelecida, ou pelo menos autorizada, pelo consentimento dos homens. Esta consiste nos diferentes privilégios, dos quais alguns desfrutam em detrimento dos outros, como o de serem mais ricos, mais honrados, mais poderosos do que eles, ou mesmo de se fazerem obedecer por eles.

Não se pode perguntar qual é a fonte da desigualdade natural, porque a resposta se encontraria enunciada na simples definição da palavra. Pode-se ainda menos investigar se não haveria alguma ligação essencial entre as duas desigualdades; pois seria perguntar, em outros termos, se aqueles que comandam valem necessariamente mais do que aqueles que obedecem, e se a força do corpo ou do espírito, a sabedoria ou a virtude, encontram-se sempre nos mesmos indivíduos em proporção do poder ou da riqueza: questão boa, talvez, para se ventilar entre escravos ouvidos por seus senhores, mas que não convém a homens razoáveis e livres, que buscam a verdade.

De que se trata, portanto, precisamente neste discurso? De marcar, no progresso das coisas, o momento em que, o direito sucedendo à violência, a natureza foi submetida à lei; de explicar por que encadeamento de prodígios o forte pôde resolver-se a servir o fraco, e o povo a comprar um repouso ideal ao preço de uma felicidade real.

Os filósofos que examinaram os fundamentos da sociedade, todos sentiram a necessidade de remontar ao estado de natureza, mas nenhum deles conseguiu fazê-lo. Uns não hesitaram em supor para o homem neste estado a noção do justo e do injusto, sem preocupar-se em mostrar por que deveria ter essa noção, nem mesmo por que lhe seria útil. Outros falaram do direito natural que cada um tem de conservar o que lhe pertence, sem explicar o que entendem por pertencer. Outros, dando de antemão ao mais forte a autoridade sobre o mais fraco, fizeram imediatamente nascer o governo, sem pensar no tempo que teve que decorrer antes que o significado das palavras autoridade e governo pudesse existir entre os homens. Enfim, todos, falando sem cessar de necessidade, avidez, opressão, desejos e orgulho, transportaram para o estado de natureza ideias que haviam adotado na sociedade; falavam do homem selvagem e pintavam o homem civil. Sequer ocorreu à maioria dos nossos duvidar que o estado de natureza tivesse existido, embora seja evidente, pela leitura dos livros sagrados, que o primeiro homem, tendo recebido imediatamente de Deus luzes e preceitos, não estava ele mesmo nesse estado, e que, acrescentando aos escritos de Moisés a fé que todo filósofo cristão lhes deve, é preciso negar que, mesmo antes do dilúvio, os homens se tenham alguma vez encontrado no puro estado de natureza, a menos que nele tenham recaído por algum evento extraordinário: paradoxo embaraçoso para se defender e totalmente impossível de provar.

Comecemos, portanto, por afastar todos os fatos, porquanto não tocam na questão. Não se deve tomar as investigações pelas quais pode-se entrar neste tema por verdades históricas, mas somente por raciocínios hipotéticos e condicionais, mais apropriados para esclarecer a natureza das coisas do que para mostrar sua verdadeira origem, e semelhantes àqueles que nossos físicos fazem todos os dias sobre a formação do mundo. A religião nos ordena crer que, tendo Deus mesmo tirado os homens do estado de natureza imediatamente após a criação, eles são desiguais porque ele quis que o fossem; mas ela não nos proíbe de formar conjecturas tiradas exclusivamente da natureza do homem e dos seres que o cercam, sobre em que teria podido se tornar o gênero humano se tivesse permanecido abandonado a si mesmo. Eis o que me perguntam e o que me proponho a examinar neste discurso. Como meu tema é de interesse do homem em geral, tentarei adotar uma linguagem que convenha a todas as nações, ou melhor, esquecendo os tempos e os lugares para pensar apenas nos homens a quem eu falo, supor-me-ei no liceu de Atenas, repetindo as lições de meus mestres, tendo os Platões e os Xenócrates por juízes e o gênero humano por auditor.

Ó homem, de onde quer que sejas, quaisquer que sejam tuas opiniões, escuta; eis aqui tua história tal como acreditei lê-la, não nos livros de teus semelhantes, que são mentirosos, mas na natureza, que não mente jamais. Tudo o que for dela será verdadeiro: não haverá falsidade senão a que eu nela tiver misturado de meu sem o querer. Os tempos dos quais vou falar estão bem distantes: quanto mudaste do que eras! É, por assim dizer, a vida de tua espécie que eu te vou descrever de acordo com as qualidades que recebeste, que tua educação e teus hábitos puderam depravar, mas que não puderam destruir. Há, eu o sinto, uma idade na qual o homem individual gostaria de se deter; tu procurarás a idade na qual desejarias que tua espécie tivesse se detido. Descontente com teu estado presente, por razões que anunciam a tua posteridade infeliz descontentamentos ainda maiores, talvez gostasses de poder retrogradar; e esse sentimento deve fazer o elogio de teus primeiros antepassados, a crítica de teus contemporâneos e o pavor daqueles que tiverem a infelicidade de viver depois de ti.

Primeira Parte

Por importante que seja, para bem julgar o estado natural do homem, considerá-lo desde sua origem e examiná-lo, por assim dizer, no primeiro embrião da espécie, não seguirei sua organização através de seus desenvolvimentos sucessivos: não me deterei em procurar, no sistema animal, o que pudesse ser no começo, para tornar-se enfim no que é. Não examinarei se, como pensa Aristóteles, suas unhas alongadas não foram de antemão garras aduncas; se não era peludo como um urso, e se, andando de quatro, [nota 3] seus olhares dirigidos para a terra e limitados a um horizonte de alguns passos, não marcavam ao mesmo tempo o caráter e os limites de suas ideias. Eu não poderia formar sobre esse tema senão conjecturas vagas e quase imaginárias. A anatomia comparada fez ainda demasiado pouco progresso, as observações dos naturalistas são ainda demasiado incertas, para que se possa estabelecer sobre tais fundamentos a base de um raciocínio sólido; assim, sem recorrer aos conhecimentos sobrenaturais que temos sobre esse ponto, e sem ter em conta as mudanças que devem ter ocorrido na conformação, tanto interior quanto exterior, do homem, à medida que aplicava seus membros a novos usos e se nutria de novos alimentos, eu o suporei conformado o tempo todo como o vejo hoje, andando com dois pés, servindo-se de suas mãos como fazemos das nossas, olhando para toda a natureza e medindo com os olhos a vasta extensão do céu.

Despojando esse ser, assim constituído, de todos os dons sobrenaturais que pôde receber, e de todas as faculdades artificiais, que só pôde adquirir por longos progressos, considerando-o, em uma palavra, tal como deve ter saído das mãos da natureza, vejo um animal menos forte do que uns, menos ágil do que outros, mas, no final das contas, organizado mais vantajosamente do que todos: eu o vejo fartando-se sob um carvalho, saciando a sede no primeiro riacho, encontrando seu leito ao pé da mesma árvore que lhe forneceu sua refeição, e eis suas necessidades satisfeitas.

A terra, abandonada à sua fertilidade natural [nota 4] e coberta de florestas imensas que o machado nunca mutilou, oferece, a cada passo, abrigos e refúgios aos animais de toda espécie. Os homens, dispersos entre eles, observam, imitam sua indústria e elevam-se assim ao instinto dos animais, com a vantagem de que cada espécie tem apenas o seu próprio, e de que o homem, não tendo talvez nenhum que lhe pertença, apropria-se de todos, alimenta-se igualmente da maior parte dos alimentos diversos [nota 5] que os outros animais compartilham e, por conseguinte, encontra sua subsistência mais facilmente do que o pode fazer qualquer um deles.

Acostumados, desde a infância, às intempéries do ar e ao rigor das estações, exercitados à fadiga e forçados a defender, nus e sem armas, sua vida e sua presa contra os outros animais ferozes, ou a escapar deles em fuga, os homens formam-se um temperamento robusto e quase inalterável; os filhos, trazendo ao mundo a excelente constituição de seus pais e a fortalecendo pelos mesmos exercícios que a produziram, adquirem assim todo o vigor de que a espécie humana é capaz. A natureza os usa com eles precisamente como a lei de Esparta com os filhos dos cidadãos: ela torna fortes e robustos aqueles que são bem constituídos e faz perecer todos os demais, diferente nisso de nossas sociedades, onde o Estado, ao tornar os filhos onerosos aos pais, os mata indistintamente antes de seu nascimento.

Sendo o próprio corpo o único instrumento que o homem selvagem conhece, ele o emprega em diversos usos, dos quais, pela falta de exercício, os nossos são incapazes; e é nossa indústria que nos tira a força e a agilidade que a necessidade o obriga a adquirir. Se tivesse um machado, seu pulso quebraria tão fortes galhos? Se tivesse uma funda, lançaria com a mão uma pedra com tanta força? Se tivesse uma escada, subiria tão ligeiramente em uma árvore? Se tivesse um cavalo, seria tão rápido na fuga? Deixem ao homem civilizado o tempo de reunir todas as suas máquinas ao seu redor: não se pode duvidar de que ele supere facilmente o homem selvagem; mas se quiserem ver um combate mais desigual ainda, os coloquem nus e desarmados vis-à-vis um do outro e reconhecerão logo qual é a vantagem de ter constantemente todas as próprias forças à disposição, de estar sempre pronto para todo evento e de se apresentar, por assim dizer, sempre inteiro consigo mesmo [nota 6].

Hobbes pretende que o homem seja naturalmente intrépido e só busque atacar e combater. Um filósofo ilustre pensa, ao contrário, e Cumberland e Pufendorff também o asseguram, que nada é tão tímido quanto o homem no estado de natureza, e que está sempre trêmulo e pronto para fugir ao mínimo barulho que o atinja, ao menor movimento que perceba. Pode ser assim para os objetos que não conhece, e não duvido de que fique assustado com todos os novos espetáculos que se oferecem a ele, todas as vezes em que não pode distinguir o bem e o mal físicos que deve esperar deles, nem comparar suas forças com os riscos que tem que correr; circunstâncias raras no estado de natureza, onde todas as coisas acontecem de uma maneira tão uniforme, e onde a face da terra não está sujeita a essas mudanças bruscas e contínuas que causam as paixões e a inconstância dos povos reunidos. Mas o homem selvagem, vivendo disperso entre os animais e achando-se, desde cedo, em situação de medir-se com eles, faz logo a comparação, e, sentindo que os supera mais em destreza do que eles o superam em força, aprende a não mais os temer. Coloquem um urso ou um lobo em luta contra um selvagem robusto, ágil, corajoso, como o são todos, armados com pedras e um bom bastão, e verão que o perigo será pelo menos recíproco, e que, após várias experiências parecidas, os animais ferozes, que não gostam de se atacar um ao outro, atacarão de mau grado o homem, que teriam achado tão feroz quanto eles. Em relação aos animais que têm realmente mais força do que ele tem de destreza, está perante eles no caso das outras espécies mais fracas, que não deixam de subsistir; com a vantagem para o homem de que, não menos disposto do que elas à corrida, e encontrando nas árvores um refúgio quase seguro, que pode pegar ou largar em em toda parte ao encontrá-los, tem a escolha entre a fuga e o combate. Acrescentemos que não parece que algum animal faça naturalmente guerra ao homem, fora o caso de sua própria defesa ou de uma extrema fome, nem testemunhe contra ele essas violentas antipatias que parecem anunciar que uma espécie está destinada pela natureza a servir de pasto à outra.

Eis, sem dúvida, as razões pelas quais os negros e os selvagens preocupam-se tão pouco com os animais ferozes que possam encontrar nas florestas. Os Caraíbas da Venezuela, entre outros, vivem, a este respeito, na mais profunda segurança e sem o menor inconveniente. Conquanto estejam quase nus, diz François Corréal, não deixam de se expor audaciosamente nas florestas, armados somente de arco e flecha; mas nunca se ouviu dizer que algum deles tenha sido devorado por animais.

Outros inimigos mais ameaçadores, e dos quais o homem não tem os mesmos meios de se defender, são as enfermidades naturais, a infância, a velhice e as doenças de toda espécie; tristes sinais de nossa fraqueza, dos quais os dois primeiros são comuns a todos os animais, e o último pertence principalmente ao homem que vive em sociedade. Observo mesmo, acerca da infância, que a mãe, carregando por toda parte seu filho com ela, tem muito mais facilidade para alimentá-lo do que as fêmeas de vários animais, que são forçadas a ir e vir, sem cessar, com muita fadiga, de um lado, para procurar seu pasto, e, de outro, para amamentar ou alimentar seus filhotes. É verdade que, se a mulher vier a perecer, é muito provável que o filho pereça com ela; mas esse perigo é comum a centenas de outras espécies, cujos filhotes, por muito tempo, não conseguem ir buscar eles mesmos sua própria comida; e se a infância é mais longa entre nós, a vida sendo também mais longa, tudo é ainda quase igual neste ponto [nota 7], conquanto haja, acerca da duração da primeira idade e do número de filhotes [nota 8], outras regras que não são meu assunto. Entre os velhos, que agem e transpiram pouco, a necessidade de alimentos diminui com a capacidade de provê-los; e como a vida selvagem afasta deles a gota e o reumatismo, e porque a velhice é de todos os males aquele que os socorros humanos podem menos aliviar, eles enfim se extinguem, sem que se perceba que cessam de ser, e quase sem que eles mesmos o percebam.

A respeito das doenças, não repetirei as vãs e falsas declamações que fazem contra a medicina a maior parte das pessoas saudáveis; mas perguntarei se há alguma observação sólida da qual se possa concluir que, nos países onde essa arte é mais negligenciada, a vida média do homem seja mais curta do que naqueles onde é cultivada com mais cuidado. E como poderia ser assim, se nos damos mais males do que a medicina pode nos fornecer remédios? A extrema desigualdade na maneira de viver, o excesso de ociosidade de uns, o excesso de trabalho de outros, a facilidade de suscitar e satisfazer nossos apetites e nossa sensualidade, os alimentos demasiado refinados dos ricos, cheios de sucos condimentados que lhes causam indigestões, a comida ruim dos pobres, da qual amiúde carecem, e cuja falta os leva a sobrecarregar avidamente o estômago quando conseguem comer, as vigílias, os excessos de toda espécie, os transportes imoderados de todas as paixões, as fadigas e o esgotamento do espírito, as aflições e as inúmeras penas que se experimenta em todos os estados e pelas quais as almas são perpetuamente corroídas: eis as funestas garantias de que a maior parte de nossos males é nossa própria obra, e de que os teríamos quase evitado conservando a maneira de viver simples, uniforme e solitária que nos foi prescrita pela natureza. Se destinou-nos a sermos saudáveis, quase ouso garantir que o estado de reflexão é um estado contra a natureza, e que o homem que medita é um animal depravado. Quando pensamos na boa constituição dos selvagens, pelo menos daqueles que não perdemos com nossos licores fortes, quando sabemos que quase não conhecem outras doenças além das feridas e da velhice, somos muito inclinados a crer que faríamos facilmente a história das doenças humanas seguindo a das sociedades civis. Essa, pelo menos, é a opinião de Platão, que julga, sobre certos remédios empregados ou aprovados por Podalírio e Macaão no cerco de Troia, que diversas doenças que esses remédios deveriam suscitar, não eram ainda então conhecidas entre os homens; e Celso relata que a dieta, hoje tão necessária, só foi inventada por Hipócrates.

Com tão poucas fontes de males, o homem, no estado de natureza, portanto, quase não tem necessidade de remédios, menos ainda de médicos; a espécie humana tampouco está, a esse respeito, em pior condição do que todas as outras, e é fácil saber dos caçadores se em suas incursões eles encontram muitos animais enfermos. Eles encontram vários que tiveram ferimentos consideráveis muito bem cicatrizados, que tiveram ossos e até mesmo membros rompidos e recuperados sem outro cirurgião além do tempo, sem outro regime além de sua vida ordinária, e que não estão menos perfeitamente curados por não terem sido atormentados por incisões, envenenados por drogas, nem extenuados por jejuns. Enfim, por mais útil que possa ser entre nós a medicina bem administrada, é sempre certo que o paciente selvagem, abandonado a si mesmo, nada tem a esperar a não ser da natureza; por outro lado, ele nada tem a temer, a não ser seu mal, o que torna amiúde sua situação preferível a nossa.

Guardemo-nos, portanto, de confundir o homem selvagem com os homens que temos sob os olhos. A natureza trata todos os animais abandonados aos seus cuidados com uma predileção que parece mostrar o quanto ela é ciosa desse direito. O cavalo, o gato, o touro e até mesmo o asno têm, a maioria, um tamanho mais alto, todos, uma constituição mais robusta, mais vigor, força e coragem nas florestas do que em nossas casas; eles perdem metade dessas vantagens ao tornarem-se domésticos, e dir-se-ia que todo o nosso cuidado em tratar e alimentar bem esses animais acaba por simplesmente abastardá-los. Assim o é mesmo com o homem: ao tornar-se sociável e escravo, ele se torna fraco, medroso, rastejante, e seu modo de viver indolente e efeminado acaba por enervar ao mesmo tempo sua força e sua coragem. Acrescentemos que, entre as condições selvagem e doméstica, a diferença entre um homem e outro deve ser ainda maior do que entre um animal e outro; porque tendo o animal e o homem sido tratados igualmente pela natureza, todas as comodidades que o homem se dá a mais do que aos animais que ele domestica, são tantas causas particulares que o fazem degenerar mais sensivelmente.

Não existe, portanto, um tão grande infortúnio para esses primeiros homens, nem, sobretudo, um tão grande obstáculo para sua conservação, a não ser a nudez, a falta de moradia e a privação de todas essas inutilidade que consideramos tão necessárias. Se não têm a pele peluda, não têm dela nenhuma necessidade nos países quentes, e logo aprendem, nos países frios, a apropriarem-se daquelas dos animais que venceram; se têm apenas dois pés para correr, têm dois braços para prover sua defesa e suas necessidades; seus filhos talvez comecem a andar tardiamente e com dificuldade, mas as mães os carregam com facilidade; vantagem que falta às outras espécies, onde a mãe, sendo perseguida, se vê constrangida a abandonar seus filhotes ou a ajustar seus passos aos deles.* Enfim, a menos que se suponha esses concursos singulares e

* Pode haver a isso algumas exceções. Aquela, por exemplo, deste animal da província da Nicarágua que parece uma raposa, que tem os pés como as mãos de um homem, e que, segundo Corréal, tem sob o ventre

fortuitos de circunstâncias, dos quais falarei a seguir, e que poderiam muito bem jamais acontecer, fica claro em todo caso que o primeiro que fez para si roupas ou uma habitação deu-se assim coisas pouco necessárias, porquanto passara sem elas até então, e não vemos por que não teria podido suportar, homem feito, um gênero de vida que suportava desde a infância.

Só, ocioso e sempre vizinho do perigo, o homem selvagem deve gostar de dormir e ter o sono leve, como os animais, que, pensando pouco, dormem, por assim dizer, por todo o tempo em que não pensam. Sendo sua própria conservação quase seu único cuidado, suas faculdades mais exercitadas devem ser aquelas que têm por objeto principal o ataque e a defesa, seja para subjugar sua presa, seja para evitar ser aquela de um outro animal; ao contrário, os órgãos que só se aperfeiçoam pela indolência e pela sensualidade devem permanecer em um estado de grosseria que exclui nele toda espécie de delicadeza; e seus sentidos, encontrando-se divididos neste ponto, ele terá o tato e o paladar de uma rudeza extrema, e a visão, a audição e o olfato da maior sutileza. Tal é o estado animal em geral, e é também, segundo o relato dos viajantes, aquele da maioria dos povos selvagens. Assim, não causa surpresa que os hotentotes do Cabo da Boa Esperança avistem, a olhos nus, navios em alto mar, tão longe quanto os holandeses só avistam com lunetas; nem que os selvagens da América sintam os espanhóis no encalço, como teriam podido fazer os melhores cães; nem que todas essas nações bárbaras suportem sem dificuldade sua nudez, agucem seu paladar com pimenta e bebam os licores europeus como água.

---

uma bolsa onde a mãe coloca seus filhotes quando é obrigada a fugir. É, sem dúvida, o mesmo animal que chamamos Tlaquatzin, no México, e a cuja fêmea Laet atribui uma semelhante bolsa para o mesmo uso.

Considerei até aqui exclusivamente o homem físico. Tentemos vê-lo agora pelo lado metafísico e moral.

Vejo em todo animal apenas uma máquina engenhosa, à qual a natureza deu sentidos para recompor-se e proteger-se, até certo ponto, de tudo o que tende a perturbá-la. Percebo precisamente as mesmas coisas na máquina humana, com a diferença de que a natureza sozinha faz tudo nas operações do animal, enquanto o homem concorre para as suas na qualidade de agente livre. Um escolhe ou rejeita por instinto, e o outro por um ato de liberdade; o que faz com que o animal não possa desviar-se da regra que lhe está prescrita, mesmo quando lhe seria vantajoso fazê-lo, e com que o homem dela se desvie frequentemente para seu prejuízo. É assim que um pombo morreria de fome perto de uma bacia cheia das melhores carnes, e um gato sobre pilhas de frutas ou de grãos, conquanto um e outro pudessem muito bem se nutrir do alimento que desdenham, se lhes fosse aconselhado experimentá-lo; é assim que os homens dissolutos entregam-se a excessos que lhes causam a febre e a morte; porque o espírito deprava os sentidos, e porque a vontade ainda fala quando a natureza se cala.

Todo animal tem ideias, porquanto tem sentidos; chega mesmo a combinar suas ideias, até certo ponto, e o homem não difere, a este respeito, do animal, senão mais ou menos; alguns filósofos chegaram mesmo a propor que há mais diferença entre tal e tal homem do que entre tal homem e tal animal. Portanto, não é tanto o entendimento que faz, entre os animais, a distinção específica do homem, e sim sua qualidade de agente livre. A natureza comanda todo animal, e o animal obedece. O homem experimenta a mesma impressão, mas se reconhece livre para aquiescer ou resistir; e é sobretudo na consciência dessa liberdade que se mostra a espiritualidade de sua alma; pois a física explica de alguma maneira o mecanismo dos sentidos e a formação das ideias, mas no poder de querer, ou antes, de escolher, e no sentimento desse poder, encontram-se apenas atos puramente espirituais, dos quais nada se explica pelas leis da mecânica.

Mas, embora as dificuldades que cercam todas essas questões deixassem algum lugar de disputa sobre essa diferença entre o homem e o animal, há uma outra qualidade muito específica que os distingue, e sobre a qual não pode haver contenda: é a faculdade de se aperfeiçoar, faculdade que, com a ajuda das circunstâncias, desenvolve sucessivamente todas as outras, e reside entre nós tanto na espécie quanto no indivíduo, ao passo que um animal é, ao final de alguns meses, o que será por toda a vida, e sua espécie, ao final de mil anos, o que era no primeiro desses mil anos. Por que somente o homem está sujeito a tornar-se imbecil? Não é por que retorna assim a seu estado primitivo, e por que, enquanto o animal, que nada adquiriu e tampouco tem a perder, permanece sempre com seu instinto, o homem, perdendo pela velhice ou outros acidentes tudo o que sua perfectibilidade lhe fizera adquirir, recai assim mais baixo do que o animal mesmo? Seria triste para nós sermos forçados a convir que essa faculdade distintiva, e quase ilimitada, é a fonte de todos os infortúnios do homem; que é ela que o tira, com o tempo, dessa condição originária na qual passaria dias tranquilos e inocentes; que é ela que, fazendo eclodir com os séculos suas luzes e seus erros, seus vícios e suas virtudes, o torna, com o passar do tempo, o tirano de si mesmo e da natureza [nota 9]. Seria terrível ser obrigado a louvar como um ser benfazejo aquele que primeiro sugeriu ao habitante das margens do Orinoco o uso desses sarrafos que ele aplica sobre as têmporas das crianças, e que lhe asseguram pelo menos uma parte de sua imbecilidade e de sua felicidade original.

O homem selvagem, entregue pela natureza apenas ao instinto, ou antes, talvez compensado pelo que lhe falta por faculdades capazes de primeiro supri-lo e em seguida elevá-lo muito acima dela, começará, portanto, pelas funções puramente animais [nota 10]: perceber e sentir será seu primeiro estado, que lhe será comum a todos os animais. Querer e não querer, desejar e temer, serão as primeiras e quase as únicas operações de sua alma até que novas circunstâncias lhe causem novos desenvolvimentos.

Digam o que disserem os moralistas, o entendimento humano deve muito às paixões, as quais, reconhecidamente, também lhe devem muito: é por sua atividade que nossa razão se aperfeiçoa. Só buscamos conhecer porque desejamos usufruir, e não é possível conceber por que aquele que não tivesse nem desejos nem medos se daria ao trabalho de raciocinar. As paixões, por sua vez, derivam sua origem de nossas necessidades e seu progresso de nossos conhecimentos, pois só se pode desejar ou temer as coisas com as ideias que se pode ter delas, ou entao pelo simples impulso da natureza; e o homem selvagem, privado de toda sorte de luzes, experimenta apenas as paixões dessa última espécie. Seus desejos não excedem suas necessidades físicas [nota 11]. Os únicos bens que ele conhece no universo são a comida, uma fêmea e o repouso; os únicos males que ele teme são a dor e a fome. Eu digo a dor e não a morte; pois o animal nunca saberá o que é morrer; e o conhecimento da morte e de seus terrores é uma das primeiras aquisições que o homem fez ao afastar-se da condição animal.

Ser-me-ia fácil, se me fosse necessário, apoiar esse sentimento nos fatos e demonstrar que, em todas as nações do mundo, os progressos do espírito foram precisamente proporcionais às necessidades que os povos receberam da natureza, ou às quais as circunstâncias os sujeitaram, e, por conseguinte, às paixões que os levavam a prover a essas necessidades. Eu mostraria no Egito as artes nascentes se estenderem com os transbordamentos do Nilo; seguiria seu progresso entre os gregos, onde se as viu germinar, crescer e subir aos céus entre as areias e os rochedos da Ática, sem poder se enraizar nas margens férteis do Eurotas; observaria que em geral os povos do norte são mais industriosos do que os do sul, porque podem menos prescindir de sê-lo, como se a natureza quisesse assim igualar as coisas, dando aos espíritos a fertilidade que ela recusa à terra.

Mas sem recorrer aos testemunhos incertos da História, quem não vê que tudo parece afastar do homem selvagem a tentação e os meios de deixar de sê-lo? Sua imaginação nada lhe representa; seu coração nada lhe pede. Suas módicas necessidades se acham tão facilmente à mão, e ele está tão longe do grau de conhecimentos necessário para desejar adquirir outros maiores, que não pode ter nem previdência nem curiosidade. De tão familiar, o espetáculo da natureza se lhe torna indiferente. É sempre a mesma ordem, são sempre as mesmas revoluções; ele não tem espírito para se surpreender com as maiores maravilhas; e não é nele que se deve buscar a filosofia de que o homem necessita para saber observar uma vez o que ele viu todos os dias. Sua alma, que nada agita, entrega-se exclusivamente ao sentimento de sua existência atual, sem nenhuma ideia do futuro, por mais próximo que possa estar, e seus projetos, limitados como suas visões, mal se estendem até o fim do dia. Tal é ainda hoje o grau de previdência do caraíba: vende de manhã sua cama de algodão e vem chorar à noite para recomprá-la por não ter previsto que precisaria dela para a noite seguinte.

Quanto mais se medita sobre esse assunto, maior se torna, aos nossos olhos, a distância entre as puras sensações e os mais simples conhecimentos, e é impossível conceber como um homem teria podido, por suas próprias forças, sem o auxílio da comunicação e sem o aguilhão da necessidade, percorrer um tão grande intervalo. Quantos séculos talvez se tenham escoado antes que os homens tenham sido capazes de ver outro fogo que não o do céu? Quantos diferentes perigos não lhes foram necessários para aprenderem os usos mais comuns desse elemento? Quantas vezes não o deixaram extinguir-se antes de terem adquirido a arte de reproduzi-lo? E quantas vezes talvez cada um desses segredos não morreu com aquele que o descobriu? O que diremos da agricultura, arte que demanda tanto trabalho e previdência, que está vinculada a tantas outras artes, que muito evidentemente só é praticável em uma sociedade no mínimo rudimentar, e que não nos serve tanto para tirar da terra alimentos, que ela forneceria sem isso, quanto para forçá-la às preferências que sejam mais do nosso gosto? Mas suponhamos que os homens tivessem de tal maneira se multiplicado que as produções naturais já não fossem suficientes para alimentá-los, suposição que, para dizê-lo de passagem, mostraria uma grande vantagem para a espécie humana nessa maneira de viver. Suponhamos que, sem forjas, e sem oficinas, os instrumentos da lavoura tivessem caído do céu nas mãos dos selvagens, que esses homens tivessem vencido o ódio mortal que todos eles têm por um trabalho contínuo, que tivessem aprendido a prever com bastante antecedência suas necessidades, que tivessem adivinhado como é preciso cultivar a terra, semear os grãos e plantar as árvores, que tivessem descoberto a arte de moer o trigo e colocar a uva em fermentação, todas as coisas que os deuses teriam de lhes ensinar, uma vez que não se pode conceber como as teriam aprendido por si mesmos. Qual seria, depois disso, o homem assaz insensato para atormentar-se com o cultivo de um campo que será despojado pelo primeiro a chegar, homem ou animal indiferentemente, a quem esta colheita convier? E como cada um poderá resolver-se a passar a vida em um trabalho penoso, do qual é tanto mais certo não recolher o preço quanto mais este lhe for necessário? Em suma, como esta situação poderá levar os homens a cultivar a terra enquanto esta não estiver partilhada entre eles, isto é, enquanto o estado de natureza não estiver aniquilado?

Se quiséssemos supor um homem selvagem, tão hábil na arte de pensar quanto o são nossos filósofos; se fizéssemos dele, a exemplo destes, um filósofo mesmo, descobrindo sozinho as mais sublimes verdades, fazendo para si, por uma série de raciocínios muito abstratos, máximas de justiça e de razão tiradas do amor à ordem em geral ou da vontade conhecida de seu Criador: em suma, se lhe supuséssemos no espírito tanta inteligência e luzes quanto deva ter, e de fato encontrarmos nele peso e estupidez, que utilidade retiraria a espécie de toda essa metafísica que não se poderia comunicar e que pereceria com o indivíduo que a teria inventado? Que progresso poderia fazer o gênero humano espalhado nos bosques entre os animais? E até que ponto poderiam se aperfeiçoar e se esclarecer mutuamente homens que, não tendo nem domicílio fixo nem necessidade um do outro, se encontrariam talvez apenas duas vezes em sua vida, sem se conhecer e sem se falar?

Que se pense em quantas ideias devemos ao uso da fala, no quanto a gramática exercita e facilita as operações do espírito; e que se pense nas aflições inconcebíveis e no tempo infinito que deve ter custado a primeira invenção das línguas; que se junte essas reflexões às precedentes, e se julgará quantos milhares de séculos foram necessários para desenvolver sucessivamente no espírito humano as operações de que era capaz.

Que me seja permitido considerar por um instante os embaraços da origem das línguas. Eu poderia me contentar em citar ou repetir aqui as pesquisas que o Sr. abade de Condillac fez sobre essa matéria, que confirmam todas plenamente meu sentimento, e que, talvez, me tenham dado sua primeira ideia. Mas a maneira pela qual esse filósofo resolve as dificuldades que cria para si mesmo sobre a origem dos signos instituídos, mostrando que supôs o que coloco em questão, a saber, uma espécie de sociedade já estabelecida entre os inventores da linguagem, creio, voltando a suas reflexões, dever juntar-lhes as minhas para expor as mesmas dificuldades à luz que convém ao meu assunto. A primeira que se apresenta é imaginar como elas poderiam tornar-se necessárias; pois não tendo os homens nenhuma correspondência entre si, nem nenhuma necessidade de tê-la, não se concebe nem a necessidade dessa invenção, nem sua possibilidade, se não fosse indispensável. Eu diria, bem como tantos outros, que as línguas nasceram no comércio doméstico de pais, mães e filhos; mas, além de que isso não resolveria as objeções, seria cometer a falta daqueles que, raciocinando sobre o estado de natureza, para aí transportam as ideias tomadas na sociedade, veem sempre a família reunida em uma mesma habitação e seus membros mantendo entre si uma união tão íntima e tão permanente como entre nós, onde tantos interesses comuns os reúnem; ao passo que, nesse estado primitivo, não tendo nem casas, nem cabanas, nem propriedade de nenhuma espécies, cada um se alojava ao acaso, e frequentemente por uma única noite: os machos e as fêmeas se uniam fortuitamente, segundo o encontro, a ocasião e o desejo, sem que a palavra fosse um intérprete muito necessário das coisas que tinham a se dizer. Eles se deixavam com a mesma facilidade [nota 12]. A mãe primeiro aleitava seus filhos por sua própria necessidade; depois, o hábito os tendo-lhe tornado queridos, ela então os alimentava pela deles; assim que tinham a força de buscar seu pasto, não tardavam em deixar a própria mãe; e como quase não havia outro meio de se encontrarem a não ser não se perderem de vista, logo chegaram ao ponto de nem mesmo se reconhecerem uns aos outros. Note ainda que o filho, tendo todas as suas necessidades a explicar, e, por conseguinte, mais coisas a dizer à mãe do que a mãe ao filho, é ele quem deve arcar com os maiores custos da invenção, e que a linguagem que ele emprega deve ser em grande parte sua própria obra, o que multiplica tanto as línguas quanto haja indivíduos para as falar, ao que contribui ainda a vida errante e vagabunda, que não deixa a nenhum idioma o tempo de tomar consistência; porque dizer que a mãe dita ao filho as palavras das quais ele deverá servir-se para pedir-lhe alguma coisa, isso mostra bem como se ensinam línguas já formadas, mas não ensina como elas se formam.

Suponhamos essa primeira dificuldade vencida: percorramos por um momento o espaço imenso que devia encontrar-se entre o puro estado de natureza e a necessidade das línguas; e investiguemos, supondo-as necessárias [nota 13], como elas puderam começar a se estabelecer. Nova dificuldade, pior ainda do que a precedente; porque se os homens tiveram necessidade da palavra para aprender a pensar, eles tiveram bem mais necessidade ainda de saber pensar para encontrar a arte da palavra; e ainda que se compreendesse como os sons da voz foram tomados pelos intérpretes convencionais de nossas ideias, restaria sempre saber quais puderam ser os intérpretes mesmos dessa convenção para as ideias que, não tendo nenhum objeto sensível, não podiam ser indicadas nem pelo gesto nem pela voz, de modo que dificilmente se pode formar conjecturas justificáveis sobre o nascimento dessa arte de comunicar seus pensamentos e de estabelecer um comércio entre os espíritos: arte sublime que já está tão longe de sua origem, mas que o filósofo vê ainda a uma tão prodigiosa distância de sua perfeição, que não há nenhum homem assaz ousado para assegurar que aí chegaria algum dia, ainda que as revoluções que o tempo traz necessariamente fossem suspensas em seu favor, ainda que os preconceitos saíssem das academias ou se calassem diante delas, e que elas pudessem se ocupar desse objeto espinhoso durante séculos inteiros sem interrupção.

A primeira linguagem do homem, a linguagem mais universal, a mais enérgica e a única de que ele tinha necessidade antes que tivesse de persuadir homens reunidos é o grito da natureza. Como esse grito só era arrebatado por uma espécie de instinto nas ocasiões urgentes, para implorar ajuda nos grandes perigos ou alívio nos males violentos, não era de muita utilidade no curso ordinário da vida, onde reinam sentimentos mais moderados. Quando as ideias dos homens começaram a expandir-se e a multiplicar-se, e estabeleceu-se entre eles uma comunicação mais estreita, eles buscaram sinais mais numerosos e uma linguagem mais ampla; eles multiplicaram as inflexões da voz, e a ela juntaram os gestos, que, por sua natureza, são mais expressivos e cujo sentido depende menos de uma determinação anterior. Eles exprimiam, portanto, os objetos visíveis e móveis por gestos, e aqueles que atingem a audição por sons imitativos. Mas como o gesto dificilmente indica mais do que os objetos presentes, ou fáceis de descrever, e as ações visíveis; como não é de uso universal, porquanto a obscuridade ou a interposição de um corpo o torna inútil, e como exige a atenção mais do que a excita; decidiu-se, enfim, substituí-lo pelas articulações da voz, que, sem ter a mesma relação com certas ideias, são mais aptas a representá-las todas como signos instituídos; substituição que só pode ser feita por um consentimento comum, e de uma maneira bastante difícil de praticar para homens cujos órgãos grosseiros ainda não tinham nenhum exercício, e mais difícil ainda de conceber nela mesma, porquanto esse acordo unânime deve ter sido motivado, e a fala parece ter sido muito necessária para estabelecer o uso da fala.

Deve-se julgar que as primeiras palavras, das quais os homens fizeram uso, tinham em seus espíritos um significado muito mais amplo do que aqueles que se empregam nas línguas já formadas, e que, ignorando a divisão do discurso em suas partes constitutivas, eles deram inicialmente a cada palavra o sentido de uma proposição inteira. Quando começaram a distinguir o sujeito do atributo, e o verbo do nome, o que não foi um medíocre esforço de gênio, os substantivos eram a princípio apenas nomes próprios; o presente do infinitivo era o único tempo dos verbos, e, com relação aos adjetivos, sua noção teve que se desenvolver muito dificilmente, porque todo adjetivo é uma palavra abstrata, e as abstrações são operações penosas e pouco naturais.

Cada objeto recebeu inicialmente um nome particular, independentemente dos gêneros e das espécies, que esses primeiros professores não eram capazes de distinguir; e todos os indivíduos apresentaram-se isoladamente ao seu espírito, como o são no quadro da natureza. Se um carvalho se chamava A, um outro carvalho se chamava B, pois a primeira ideia que se tira de duas coisas é que elas não são a mesma, e é preciso frequentemente muito tempo para observar o que elas têm de comum; de sorte que, quanto mais os conhecimentos eram limitados, mais o dicionário se tornou extenso. O embaraço de toda essa nomenclatura não pôde ser cessado facilmente: pois para classificar os seres sob denominações comuns e genéricas, era preciso conhecer suas propriedades e suas diferenças; eram necessárias muito mais observações e definições, isto é, história natural e metafísica, do que os homens desse tempo podiam ter.

Aliás, as ideias gerais só podem ser introduzidas no espírito com a ajuda das palavras, e o entendimento só as apreende por proposições. Esta é uma das razões pelas quais os animais não seriam capazes de formar tais ideias, nem jamais adquirir a perfectibilidade que delas depende. Quando um macaco vai, sem hesitar, de uma noz a outra, pensa-se que ele tenha a ideia geral desse tipo de fruto e que compare seu arquétipo a esses dois indivíduos? Não, sem dúvida; mas a visão de uma dessas nozes recorda à sua memória as sensações que recebeu da outra, e seus olhos, modificados de uma certa maneira, anunciam ao seu paladar a modificação que vai receber. Toda ideia geral é puramente intelectual; por pouco que a imaginação se envolva, a ideia logo se torna particular. Tente-se traçar a imagem de uma árvore em geral: nunca se conseguirá; apesar de seus esforços, será preciso vê-la pequena ou grande, de folhagem rarefeita ou densa, clara ou escura, e se dependesse de alguém ver apenas o que se encontra em toda árvore, essa imagem já não se assemelharia a uma árvore. Os seres puramente abstratos são vistos do mesmo modo, ou só se concebem pelo discurso. A simples definição do triângulo nos dá sua verdadeira ideia: tão logo o imaginamos no espírito, é um tal triângulo e não outro, e não podemos evitar tornar suas linhas sensíveis e seu plano colorido. É preciso, portanto, enunciar proposições, é preciso, portanto, falar para ter ideias gerais, pois assim que a imaginação se detém, o espírito só prossegue com a ajuda do discurso. Se, portanto, os primeiros inventores só puderam dar nomes às ideias que já tinham, segue-se que os primeiros substantivos nunca puderam ser senão nomes próprios.

Mas quando, por meios que não concebo, nossos novos gramáticos começaram a estender suas ideias e a generalizar suas palavras, a ignorância dos inventores teve que sujeitar esse método a limites muito estreitos; e como tinham inicialmente multiplicado demais os nomes dos indivíduos por não conhecerem os gêneros e as espécies, fizeram em seguida demasiado poucas espécies e gêneros por não terem considerado os seres em todas as suas diferenças. Para levar as divisões bastante longe, seria necessário mais experiência e luz do que podiam ter, e mais pesquisa e trabalho do que queriam empregar. Ora, se mesmo hoje se descobrem a cada dia novas espécies que até então haviam escapado a todas as nossas observações, que se pense o quanto devem ter se furtado a homens que só julgavam as coisas pelo seu primeiro aspecto! Quanto às classes primitivas e às noções mais gerais, é supérfluo acrescentar que lhes devem ter escapado ainda mais. Como, por exemplo, teriam imaginado ou entendido as palavras matéria, espírito, substância, modo, figura e movimento, se mesmo nossos filósofos, que se têm servido delas há tanto tempo, têm muita dificuldade de entendê-las, e se das ideias que se atribuem a essas palavras, sendo puramente metafísicas, eles não encontraram nenhum modelo na natureza?

Detenho-me nesses primeiros passos e suplico aos meus juízes que suspendam aqui sua leitura para considerar, exclusivamente sobre a invenção dos substantivos físicos, isto é, sobre a parte da linguagem mais fácil de encontrar, o caminho que lhe resta fazer para exprimir todos os pensamentos dos homens, para assumir uma forma constante, poder ser falada em público e influir sobre a sociedade: eu lhes suplico que reflitam sobre o que foi necessário, de tempo e conhecimento, para descobrir os números [nota 14], as palavras abstratas, o aoristo e todos os tempos dos verbos, as partículas, a sintaxe , ligar as proposições, os raciocínios e formar toda a lógica do discurso. Quanto a mim, assustado com as dificuldades que se multiplicam, e convencido da impossibilidade quase demonstrada de que as línguas tenham podido nascer e se estabelecer por meios puramente humanos, deixo a quem quiser empreendê-la a discussão desse difícil problema: o que era mais necessário, a sociedade já ligada à instituição das línguas, ou as línguas já inventadas para o estabelecimento da sociedade?

Seja o que for dessas origens, vê-se, pelo menos, no pouco cuidado que a natureza tomou de aproximar os homens por necessidades mútuas e de lhes facilitar o uso da fala, quão pouco ela preparou sua sociabilidade e quão pouco ela pôs de seu em tudo o que fizeram para estabelecer suas ligações. Com efeito, é impossível imaginar por que, neste estado primitivo, um homem teria mais necessidade de um outro homem do que um macaco ou um lobo de seu semelhante, nem, suposta essa necessidade, qual motivo poderia comprometer o outro a provê-la, nem mesmo, neste último caso, como poderiam acordar entre eles condições. Sei que nos repetem sem cessar que nada teria sido tão miserável quanto o homem nesse estado; e se é verdade, como creio tê-lo provado, que ele só teria podido, depois de muitos séculos, ter o desejo e a ocasião de deixá-lo, cumpre instaurar um processo contra a natureza, e não contra aquele que ela teria assim constituído.

Mas, se entendo bem esse termo, miserável, trata-se de uma palavra que não tem nenhum significado, ou que significa apenas uma privação dolorosa e o sofrimento do corpo ou da alma. Ora, gostaria muito que alguém me explicasse que tipo de miséria pode haver em um ser livre cujo coração esteja em paz e cujo corpo esteja saudável. Eu pergunto qual, a vida civil ou a natural, está mais sujeita a tornar-se insuportável para aqueles que a desfrutam? Quase só vemos ao nosso redor pessoas que reclamam de sua existência: várias que até mesmo se privam dela quando podem, e a reunião das leis divina e humana dificilmente é suficiente para deter essa desordem. Pergunto se alguma vez se ouviu falar que um selvagem em liberdade tenha sequer pensado em reclamar da vida e se matar. Que se julgue, portanto, com menos orgulho de que lado está a verdadeira miséria. Nada, ao contrário, teria sido tão miserável quanto o homem selvagem ofuscado por luzes, atormentado por paixões e raciocinando sobre um estado diferente do seu. Foi por uma providência muito sábia que as faculdades que ele tinha em potência só devessem se desenvolver com as ocasiões de exercê-las, a fim de que não lhe fossem nem supérfluas e onerosas antes do tempo, nem tardias e inúteis quando necessárias. Ele tinha, no instinto apenas, tudo o que precisava para viver no estado de natureza, e ele tem, em uma razão cultivada, apenas o que precisa para viver em sociedade.

Parece, em primeiro lugar, que os homens nesse estado, não tendo entre si nenhum tipo de relação moral, nem deveres conhecidos, não podiam ser nem bons nem maus, e não tinham nem vícios nem virtudes, a menos que, tomando essas palavras em um sentido físico, chamemos vícios, no indivíduo, as qualidades que podem prejudicar sua própria conservação, e virtudes as que podem contribuir para ela; e, nesse caso, se deveria chamar de o mais virtuoso aquele que resistisse menos aos simples impulsos da natureza. Mas, sem nos afastarmos do sentido ordinário, convém suspender o julgamento que poderíamos fazer sobre uma tal situação e desafiar nossos preconceitos até que, com a balança na mão, tenhamos examinado se há mais virtudes do que vícios entre os homens civilizados, ou se suas virtudes são mais vantajosas do que lhes são funestos os vícios, ou se o progresso de seus conhecimentos é uma indenização suficiente pelos males que se fazem mutuamente, à medida que se instruem sobre o bem que deveriam fazer, ou se não estariam, afinal de contas, em uma situação mais feliz, de não ter nem mal a temer nem bem a esperar de ninguém, do que a de se estar submetido a uma dependência universal e de se obrigar a tudo receber daqueles que não se obrigam a nada lhes dar.

Não vamos, sobretudo, concluir com Hobbes, que, por não ter nenhuma ideia da bondade, o homem seja naturalmente mau, que seja vicioso porque não conhece a virtude e que recuse sempre a seus semelhantes serviços que não acredita lhes dever, nem que em virtude do direito que se atribui com razão às coisas de que tem necessidade, ele se imagine tolamente ser o único proprietário de todo o universo. Hobbes viu muito bem o defeito de todas as definições modernas do direito natural: mas as consequências que ele tira da sua mostram que a toma em um sentido que não é menos falso. Ao raciocinar sobre os princípios que estabelece, esse autor devia dizer que o estado de natureza, sendo aquele onde o cuidado com nossa conservação é o menos prejudicial ao de outrem, esse estado era, por conseguinte, o mais apropriado à paz e o mais conveniente ao gênero humano. Ele diz precisamente o contrário, por ter introduzido inoportunamente no cuidado da conservação do homem selvagem a necessidade de satisfazer uma série de paixões que são obra da sociedade e que tornaram as leis necessárias. O malvado, diz ele, é uma criança robusta. Resta saber se o homem selvagem é uma criança robusta. Se se concordasse com ele, o que se concluiria? Que se este homem fosse, quando robusto, tão dependente dos outros quanto quando é fraco, não haveria excesso ao qual não se entregasse: bateria na mãe quando ela demorasse demais a lhe dar o peito, estrangularia um de seus irmãos mais novos quando fosse incomodado por ele, morderia a perna do outro quando fosse atingido ou perturbado por ele. Mas essas são duas suposições contraditórias no estado de natureza: ser robusto e dependente. O homem é fraco quando é dependente, e se emancipa antes de ser robusto. Hobbes não viu que a mesma causa que impede os selvagens de usarem a razão, como o afirmam nossos jurisconsultos, os impede ao mesmo tempo de abusarem de suas faculdades, como ele mesmo o afirma; de sorte que se poderia dizer que os selvagens não são malvados precisamente porque não sabem o que é serem bons, pois não é nem o desenvolvimento das luzes nem o freio da lei, mas a calma das paixões e a ignorância do vício que os impede de fazer o mal: *tanto plus in illis proficit vitiorum ignoratio, quam in his cognitio virtutis*.[3] Há, aliás, um outro princípio que Hobbes não percebeu, e que, tendo sido dado ao homem para amenizar, em certas circunstâncias, a ferocidade de seu amor-próprio, ou o desejo de se conservar antes do nascimento desse amor [nota 15], tempera o ardor que ele tem por seu bem-estar com uma repugnância inata de ver sofrer seu semelhante. Não creio ter nenhuma

3. "A ignorância dos vícios lhes é tanto mais proveitosa do que é a outros o conhecimento da virtude" Justino. *Histórias*, II, cap. 2. (N.T.)

contradição a temer ao conceder ao homem a única virtude natural que o mais indignado detrator das virtudes humanas foi forçado a reconhecer. Falo da piedade, disposição conveniente a seres tão fracos e sujeitos a tantos males como nós o somos; virtude tanto mais universal e tanto mais útil para o homem por preceder nele o uso de toda reflexão, e tão natural que mesmo os animais às vezes dão sinais sensíveis dela. Sem falar da ternura das mães pelos filhotes e dos perigos que enfrentam para protegê-los, observa-se todos os dias a repugnância dos cavalos de pisotear um corpo vivo. Um animal não passa sem inquietação perto de um animal morto de sua espécie: alguns até mesmo lhe dão uma espécie de sepultura. E os tristes mugidos do gado ao entrar no matadouro anunciam a impressão que recebe do horrível espetáculo que o atinge. Vemos com prazer o autor de *A* fábula das Abelhas, forçado a reconhecer o homem como um ser compassivo e sensível, deixar, no exemplo que dá disso, seu estilo frio e sutil para nos oferecer a patética imagem de um homem aprisionado que vê, do lado de fora, uma animal feroz arrancando uma criança do seio de sua mãe, rompendo com seus dentes mortíferos os frágeis membros e rasgando com suas unhas as entranhas palpitantes dessa criança. Que terrível agitação não experimenta essa testemunha de um evento pelo qual não tem nenhum interesse pessoal? Que angústia não sofre perante essa visão, por não poder prestar nenhum socorro à mãe desfalecida nem à criança agonizante?

Tal é o puro movimento da natureza, anterior a toda reflexão: tal é a força da piedade natural, que os modos mais depravados ainda têm dificuldade de destruir, porquanto vemos, todos os dias, em nossos espetáculos, enternecer-se e chorar pelas desgraças de um infortunado, aquele que, se estivesse no lugar do tirano, agravaria ainda mais os tormentos de seu inimigo, semelhante ao sanguinário Sylla, tão sensível aos males que não havia causado, ou daquele Alexandre de Phére que não ousou assistir à representação de nenhuma tragédia por medo de que o vissem gemer com Andrômaco e Príamo, enquanto escutava sem emoção os gritos de tantos cidadãos que eram chacinados todos os dias por suas ordens.

Mollissima cordae
Humano generi dare se Natura fatetur,
Quae lacrymas dedit.[4]

Mandeville sentiu bem que, com toda sua moral, os homens nunca teriam sido nada além de monstros se a natureza não lhes tivesse dado a piedade em apoio à razão, mas não viu que exclusivamente dessa qualidade decorrem todas as virtudes sociais que ele quer contestar aos homens. Com efeito, o que é a generosidade, a clemência, a humanidade, senão a piedade aplicada aos fracos, aos culpados ou à espécie humana em geral? Até mesmo a benevolência e a amizade são, se forem bem consideradas, produtos de uma piedade constante, fixada em um determinado objeto: pois desejar que alguém não sofra que outra coisa é senão desejar que seja feliz? Se fosse verdade que a comiseração é apenas um sentimento que nos põe no lugar daquele que sofre, sentimento obscuro e vivo no homem selvagem, desenvolvido, mas fraco, no homem civil, que importaria essa ideia para a verdade do que eu digo, senão para lhe dar mais força? Com efeito, a comiseração será tanto mais enérgica quanto mais o animal espectador se identificar intimamente com o animal sofredor.

---

4. "A ternura do coração é o dom que a natureza demonstra ter dado ao gênero humano ao dar-lhe as lágrimas." Juvenal, *Sátiras*, 15. (N.T.)

Ora, é evidente que essa identificação deve ter sido infinitamente mais estreita no estado de natureza do que no estado de raciocínio. É a razão que engendra o amor-próprio, e é a reflexão que o fortalece; é ela que dobra o homem sobre si mesmo; é ela que o separa de tudo o que o incomoda e o aflige. É a filosofia que o isola; é por ela que ele diz em segredo, à vista de um homem que sofre: morra, se quiser; eu estou em segurança. São apenas os perigos da sociedade inteira que perturbam o sono tranquilo do filósofo e o arrancam da cama. Pode-se impunemente assassinar seu semelhante sob sua janela; tudo o que ele tem a fazer é tapar os ouvidos com as mãos e argumentar um pouco consigo mesmo para impedir a natureza, que se revolta dentro dele, de o identificar com aquele que assassinam. O homem selvagem não tem esse admirável talento, e, por falta de sabedoria e de razão, sempre o vemos entregar-se irrefletidamente ao primeiro sentimento de humanidade. Nos tumultos, nas brigas de rua, a populaça se reúne, o homem prudente se afasta; é a ralé, são as mulheres do mercado que separam os combatentes e impedem as pessoas honestas de se matarem umas às outras.

É, portanto, bem certo que a piedade é um sentimento natural, que, moderando em cada indivíduo a atividade do amor de si mesmo, contribui para a conservação mútua de toda a espécie. É ela que nos leva, sem reflexão, em auxílio daqueles que vemos sofrer; é ela que, no estado de natureza, ocupa o lugar das leis, dos costumes e da virtude, com a vantagem de que ninguém é tentado a desobedecer à sua voz suave: é ela que demoverá todo selvagem robusto de tirar, de uma criança fraca ou de um velho aleijado, sua subsistência adquirida com dificuldade, se ele mesmo espera poder encontrar a sua alhures; é ela que, no lugar desta máxima sublime de justiça arrazoada, *faça a outrem como você quer que lhe façam*, inspira a todos os homens esta outra máxima de bondade natural bem menos perfeita, mas talvez mais útil do que a precedente: *faça seu bem com o menor mal possível a outrem*. Em suma, é nesse sentimento natural, mais do que em argumentos sutis, que devemos buscar a causa da repugnância que todo homem sentiria de fazer o mal, mesmo independentemente das máximas da educação. Conquanto possa pertencer a Sócrates e aos espíritos de sua têmpera adquirir virtude pela razão, há muito tempo o gênero humano já não existiria se a sua conservação tivesse dependido apenas dos raciocínios daqueles que o compõem.

Com paixões tão pouco ativas e um freio tão salutar, os homens, mais ferozes do que malvados, e mais atentos em se proteger do mal que podem receber do que tentados a fazê-lo a outrem, não estavam sujeitos a problemas muito perigosos: como não tinham entre si nenhuma espécie de comércio, não conheciam, por conseguinte, nem a vaidade, nem a consideração, nem a estima, nem o desprezo; como não tinham a menor noção do seu e do meu, nem nenhuma verdadeira ideia de justiça; como consideravam as violências que podiam suportar como um mal fácil de reparar e não como uma injúria que devesse ser punida, e como sequer pensavam em vingança, senão talvez maquinalmente e na mesma hora, como o cão que morde a pedra que lhe atiram, suas disputas raramente teriam tido consequências sangrentas se não concernissem a um tema mais sensível do que o pasto. Mas vejo um mais perigoso, do qual ainda preciso falar.

Dentre as paixões que agitam o coração do homem, há uma ardente, impetuosa, que torna um sexo necessário ao outro; paixão terrível que desafia todos os perigos, derruba todos os obstáculos e que, em sua fúria, parece capaz de destruir o gênero humano que está destinada a conservar. O que será dos homens à mercê dessa raiva desenfreada e brutal, sem pudor, sem restrição, e disputando todo dia seus amores ao preço de seu sangue?

É preciso primeiro convir que, quanto mais as paixões são violentas, mais as leis são necessárias para contê-las. Mas além de as desordens e os crimes que estas causam todos os dias entre nós, mostrarem o bastante a insuficiência das leis a este respeito, seria ainda bom examinar se essas desordens não nasceram com as leis mesmas; pois então, ainda que fossem capazes de reprimi-las, o mínimo que se deveria exigir delas seria deter um mal que não existiria sem elas.

Comecemos por distinguir o moral do físico no sentimento do amor. O físico é esse desejo geral que leva um sexo a se unir ao outro. O moral é o que determina esse desejo e o fixa exclusivamente em um único objeto, ou que, pelo menos, lhe dá por esse objeto preferido um maior grau de energia. Ora, é fácil ver que o moral do amor é um sentimento artificial, nascido do uso da sociedade e celebrado pelas mulheres com muita habilidade e cuidado para estabelecer seu império e tornar dominante o sexo que deveria obedecer. Este sentimento, estando fundado sobre certas noções do mérito ou da beleza que um selvagem não está em condições de ter, e sobre comparações que ele não está em condições de fazer, deve ser quase nulo para ele: pois, como seu espírito não pôde formar ideias abstratas de regularidade e proporção, seu coração tampouco é suscetível aos sentimentos de admiração e amor que, mesmo sem serem percebidos, nascem da aplicação dessas ideias; ele escuta unicamente o temperamento que recebeu da natureza, e não o gosto que não pôde adquirir; e toda mulher é boa para ele.

Circunscritos exclusivamente ao físico do amor, e assaz afortunados para ignorar essas preferências que lhe irritam o sentimento e aumentam as dificuldades, os homens devem sentir menos frequentemente e menos vivamente os ardores do temperamento e, por conseguinte, ter entre si disputas mais raras e menos cruéis. A imaginação, que faz tanto estrago entre nós, não fala a corações selvagens; cada um espera pacificamente o impulso da natureza, entrega-se a ele sem escolha, com mais prazer do que fúria, e, satisfeita a necessidade, todo o desejo é extinto.

É, portanto, uma coisa incontestável que mesmo o amor, assim como todas as outras paixões, só tenha adquirido na sociedade esse ardor impetuoso que o torna tão frequentemente funesto aos homens, e é ainda mais ridículo representar os selvagens como matando-se uns aos outros sem cessar para saciar sua brutalidade, pois que essa opinião é diretamente contrária à experiência, e os caraíbas, que de todos os povos existentes é o que menos se afastou do estado de natureza, são precisamente os mais pacíficos em seus amores e os menos sujeitos ao ciúme, conquanto vivendo em um clima abrasador que parece sempre dar a essas paixões uma maior atividade.

A respeito das induções que se poderia fazer em várias espécies de animais, dos combates dos machos que sempre ensanguentam nossos currais ou que fazem ressoar, na primavera, nossas florestas com seus gritos ao disputarem a fêmea, é preciso começar por excluir todas as espécies onde a natureza manifestamente estabeleceu no poder relativo dos sexos outras relações que não as que existem entre nós: assim, as brigas de galos não formam uma indução para a espécie humana. Nas espécies onde a proporção é melhor observada, essas brigas só podem ter por causa a escassez de fêmeas em relação ao número de machos, ou os intervalos exclusivos durante os quais a fêmea recusa constantemente a aproximação do macho, o que equivale à primeira causa; pois, se cada fêmea só tolera o macho durante dois meses do ano, é como se o número de fêmeas fosse cinco sextos menor. Ora, nenhum desses dois casos é aplicável à espécie humana, onde o número de fêmeas geralmente ultrapassa o de machos e onde nunca observou-se que, mesmo entre os selvagens, as fêmeas tenham, como as de outras espécies, tempos de cio e de exclusão. Além disso, para vários desses animais, cuja espécie entra ao mesmo tempo em efervescência, chega um momento terrível de ardor comum, de tumulto, desordem e combate: momento que não acontece na espécie humana, onde o amor nunca é periódico. Não se pode, portanto, concluir dos combates de certos animais pela posse das fêmeas que a mesma coisa aconteceria ao homem no estado de natureza; e mesmo que se pudesse tirar essa conclusão, como essas dissensões não destroem as outras espécies, deve-se pensar, pelo menos, que elas não seriam mais funestas à nossa, e muito provavelmente causariam ainda menos devastação do que causam na sociedade, sobretudo nos países onde, os costumes ainda valendo alguma coisa, o ciúme dos amantes e a vingança dos esposos causam todos os dias duelos, assassinatos e coisas ainda piores, onde o dever de uma eterna fidelidade serve apenas para fazer adultérios, e onde as leis mesmas da continência e da honra estendem necessariamente o deboche e multiplicam os abortos.

Concluamos que, vagando nas florestas, sem indústria, sem palavra, sem domicílio, sem guerra e sem ligações, sem nenhuma necessidade de seus semelhantes, como sem nenhum desejo de prejudicá-los, talvez até mesmo sem nunca reconhecer nenhum deles individualmente, o homem selvagem, sujeito a poucas paixões e autossuficiente, tinha apenas os sentimentos e as luzes próprios deste estado, já que só sentia suas verdadeiras necessidades, só olhava o que acreditava ter interesse em ver, e sua inteligência não fazia mais progressos do que sua vaidade. Se por acaso fazia alguma descoberta, podia ainda menos comunicá-la, pois não reconhecia nem mesmos seus filhos. A arte perecia com o inventor. Não havia nem educação nem progresso, as gerações se multiplicavam inutilmente; e cada um, partindo sempre do mesmo ponto, os séculos decorriam em toda a grosseria das primeiras idades, a espécie já era velha e o homem permanecia sempre criança.

Se me estendi por tanto tempo sobre a suposição dessa condição primitiva, é porque, tendo antigos erros e preconceitos inveterados a destruir, acreditei dever cavar até a raiz e mostrar no quadro do verdadeiro estado de natureza o quanto a desigualdade, mesmo natural, está longe de ter nesse estado tanta realidade e influência quanto afirmam nossos escritores.

Com efeito, é fácil ver que, entre as diferenças que distinguem os homens, várias passam por naturais, mas são unicamente obra do hábito e dos diversos gêneros de vida que os homens adotam na sociedade. Assim, um temperamento robusto ou delicado, e a força ou a fraqueza que dele dependem, amiúde vêm mais da maneira dura ou efeminada como se tenha sido criado do que da constituição primitiva dos corpos. O mesmo ocorre com as forças do espírito, e não somente a educação faz a diferença entre os espíritos cultivados e os que não o são, mas aumenta a que se encontra entre os primeiros na proporção da cultura; pois conquanto um gigante e um anão caminhem na mesma estrada, cada passo que ambos derem conferirá uma nova vantagem ao gigante. Ora, se se comparar a diversidade prodigiosa de educações e de gêneros de vida que reina nas diferentes ordens do estado civil com a simplicidade e a uniformidade da vida animal e selvagem, onde todos se nutrem dos mesmos alimentos, vivem da mesma maneira e fazem exatamente as mesmas coisas, se compreenderá o quanto a diferença de homem a homem deve ser menor no estado de natureza do que no de sociedade, e o quanto a desigualdade natural deve aumentar na espécie humana pela desigualdade de instituição.

Mas embora a natureza mostrasse na distribuição de seus dons tantas preferências como o afirmam, que vantagem os mais favorecidos tirariam deles, em detrimento dos outros, em um estado de coisas que não admitisse quase nenhuma espécie de relação entre eles? Onde não há amor, de que servirá a beleza? De que serve o espírito para pessoas que não falam, e a astúcia para as que não têm negócios? Ouço sempre repetir que os mais fortes oprimirão os fracos; mas que alguém me explique o que se quer dizer com esta palavra opressão. Alguns dominarão com violência, os outros gemerão subjugados a todos os seus caprichos! Eis precisamente o que observo entre nós, mas não vejo como se poderia dizer isso dos homens selvagens, a quem se teria mesmo muita dificuldade de fazer entender o que é servidão e dominação. Um homem bem poderá apoderar-se dos frutos que outro colheu, da caça que matou, do antro que lhe servia de asilo; mas como alguma vez conseguirá se fazer obedecer? E quais poderão ser as cadeias da dependência entre homens que não possuem nada? Se me expulsam de uma árvore, eu a deixo para ir a uma outra; se me atormentam em um lugar, quem me impedirá de passar a outro? Será que existe um homem de uma força assaz superior à minha, e, além disso, depravado, assaz preguiçoso e assaz feroz para constranger-me a prover sua subsistência enquanto permanece ocioso? É preciso que ele resolva-se a não me perder de vista por um só instante, a manter-me amarrado com um muito grande cuidado durante seu sono, de medo de que eu escape ou que o mate; ou seja, ele é obrigado a expor-se voluntariamente a uma dificuldade muito maior do que aquela que ele quer evitar e do que aquela que ele impõe a mim mesmo. Depois de tudo isso, sua vigilância se relaxa por um momento? Um barulho imprevisto lhe faz virar a cabeça? Dou vinte passos na floresta, meus grilhões se quebram e nunca mais na sua vida ele torna a me ver.

Sem prolongar inutilmente esses detalhes, cada um deve ver que, sendo os laços da servidão formados apenas pela dependência mútua dos homens e pelas necessidades recíprocas que os unem, é impossível escravizar um homem sem tê-lo colocado antes no caso de não poder prescindir de um outro, situação que, não existindo no estado de natureza, deixa cada um livre do jugo e torna vã a lei do mais forte.

Após ter provado que a desigualdade é dificilmente perceptível no estado de natureza e que sua influência aí é quase nula, resta-me mostrar sua origem e seu progresso nos sucessivos desenvolvimentos do espírito humano. Após ter mostrado que a *perfectibilidade*, as virtudes sociais e as outras faculdades que o homem natural havia recebido em potência nunca poderiam se desenvolver por si mesmas, que precisavam, para tanto, do concurso fortuito de várias causas estranhas que poderiam nunca nascer, e sem as quais ele teria permanecido eternamente em sua condição primitiva, resta-me considerar e aproximar os diferentes perigos que puderam aperfeiçoar a razão humana deteriorando a espécie, tornar um ser malvado tornando-o sociável, e, de um tempo tão distante, trazer enfim o homem e o mundo ao ponto onde os vemos.

Admito que, tendo os eventos que devo descrever podido acontecer de várias maneiras, só me posso decidir sobre a escolha por conjecturas; mas, além de essas conjecturas se tornarem razões quando são as mais prováveis que se possa fazer sobre a natureza das coisas, e os únicos meios que se possa ter de descobrir a verdade, as consequências que quero deduzir das minhas não são por isso conjecturais, uma vez que, sobre os princípios que acabei de estabelecer, não se poderia formar nenhum outro sistema que me fornecesse os mesmos resultados e do qual eu pudesse tirar as mesmas conclusões.

Isso me dispensará de estender minhas reflexões sobre a maneira como o lapso de tempo compensa a pouca verossimilhança dos eventos; sobre o poder surpreendente das causas muito pequenas quando agem sem descanso; sobre a impossibilidade de alguém, por um lado, destruir certas hipóteses se, por outro, não estiver em condições de lhes dar o grau de certeza dos fatos; sobre o caso de que, quando dois fatos, dados como reais, estiverem ligados por uma série de fatos intermediários, desconhecidos ou considerados como tais, cabe à história, quando se a tem, apresentar os fatos que os ligam, e cabe à filosofia, na falta dela, determinar os fatos semelhantes que podem ligá-los; enfim, sobre o caso de que, em matéria de eventos, a similitude reduz os fatos a um número de classes diferentes muito menor do que se imagina. Basta-me oferecer esses objetos à consideração de meus juízes; basta-me ter agido de sorte que os leitores vulgares não tivessem necessidade de considerá-los.

Segunda Parte

O primeiro que, tendo cercado um terreno, ousou dizer, isto é meu, e encontrou gente simples o bastante para acreditar nele, foi o verdadeiro fundador da sociedade civil. Quantos crimes, guerras, assassinatos, quantas misérias e horrores teria poupado ao gênero humano aquele que, arrancando as estacas ou enchendo o fosso, tivesse clamado a seus semelhantes: "Guardem-se de escutar este impostor; vocês estão perdidos se esquecerem-se de que os frutos pertencem a todos e a terra é de ninguém!". Mas é muito provável que, então, as coisas já tivessem chegado ao ponto de não poderem mais durar como antes; pois essa ideia de propriedade, dependendo de muitas ideias anteriores que só puderam nascer sucessivamente, não se formou de repente no espírito humano: foi preciso fazer muitos progressos, adquirir muita indústria e luzes, transmiti-las e aumentá-las de geração em geração, antes de chegar a este último termo do estado de natureza. Retomemos, portanto, o que foi dito acima, e procuremos reunir sob um único ponto de vista essa lenta sucessão de eventos e de conhecimentos em sua ordem mais natural.

O primeiro sentimento do homem foi o de sua existência, e sua primeira preocupação foi com sua conservação. As produções da terra forneciam-lhe todos os suprimentos necessários, e o instinto o levou a fazer uso delas. Porquanto a fome e outros apetites lhe faziam experimentar alternadamente diversas maneiras de existir, houve uma que o convidou a perpetuar sua espécie; e essa inclinação cega, desprovida de todo sentimento do coração, produziu apenas um ato puramente animal. Satisfeita a necessidade, os dois sexos já não se reconheciam, e o próprio filho já não significava mais nada para a mãe tão logo podia passar sem ela.

Tal foi a condição do homem nascente; tal foi a vida de um animal inicialmente limitado às puras sensações que, mal aproveitando os dons que a natureza lhe oferecia, estava longe de pensar em arrancar-lhe alguma coisa; mas logo apresentaram-se dificuldades, e foi preciso aprender a vencê-las: a altura das árvores, que o impedia de alcançar seus frutos, a concorrência com os animais que buscavam alimentar-se deles, a ferocidade dos que queriam a sua própria vida, tudo o obrigava a aplicar-se aos exercícios do corpo; precisou tornar-se ágil, rápido na corrida, vigoroso no combate. As armas naturais, que são os galhos das árvores e as pedras, logo se acharam em suas mãos. Ele aprendeu a superar os obstáculos da natureza, a combater, se necessário, os outros animais, a disputar sua subsistência com os próprios homens, ou a compensar-se pelo que precisava ceder ao mais forte.

À medida que o gênero humano se expandiu, as dificuldades multiplicaram-se com os homens. A diferença de terrenos, climas e estações pôde forçá-los a inseri-la nas suas maneiras de viver. Anos estéreis, invernos longos e rigorosos, verões escaldantes que consomem tudo, exigiram deles uma nova indústria. Ao longo do mar e dos rios, inventaram a linha e o anzol, tornaram-se pescadores e ictiófagos. Nas florestas, fizeram para si arcos e flechas, e tornaram-se caçadores e guerreiros. Nos países frios, cobriram-se com as peles dos animais que matavam. O trovão, um vulcão ou alguma feliz coincidência lhes fez conhecer o fogo, novo recurso contra o rigor do inverno: aprenderam a conservar esse elemento, depois a reproduzi-lo e finalmente a preparar as carnes que antes devoravam cruas.

Essa aplicação reiterada dos diversos seres a si mesmo, e de uns aos outros, deve naturalmente ter engendrado no espírito do homem as percepções de certas relações. Essas relações que exprimimos pelas palavras grande, pequeno, forte, fraco, rápido, lento, medroso, ousado e outras ideias parecidas, comparadas, se necessário, e quase sem pensar, enfim produziram nele uma espécie de reflexão, ou melhor, uma prudência mecânica que lhe indicava as precauções mais necessárias para a sua segurança.

As novas luzes que resultaram desse desenvolvimento aumentaram sua superioridade sobre os outros animais, tornando-o consciente dela. Ele exercitou-se em armar-lhes armadilhas, enganou-os de mil maneiras, e conquanto vários o superassem em força no combate ou em velocidade na corrida, dos que podiam servi-lo ou prejudicá-lo, ele tornou-se, com o tempo, o senhor de uns e o flagelo de outros. Foi assim que o primeiro olhar que lançou sobre si mesmo produziu nele o primeiro movimento de orgulho; e foi assim que, ainda mal sabendo distinguir as posições, e considerando-se o primeiro por sua espécie, preparava-se de longe para pretender sê-lo como indivíduo.

Conquanto seus semelhantes não fossem para ele o que são para nós, e ele dificilmente tivesse mais convívio com eles do que com os outros animais, eles não foram esquecidos em suas observações. As conformidades que o tempo pôde fazer-lhe perceber entre eles, sua fêmea e ele mesmo, o fizeram julgar as que não percebia; e vendo que todos se comportavam como ele o teria feito em circunstâncias parecidas, concluiu que a maneira de eles pensarem e sentirem estava inteiramente conforme à sua, e essa importante verdade, bem estabelecida em seu espírito, o fez seguir, por um pressentimento tão seguro e mais pronto do que a dialética, as melhores regras de conduta que, para sua vantagem e sua segurança, lhe convinha manter com eles.

Instruído pela experiência de que o amor ao bem-estar é a única motivação das ações humanas, ele achou-se em condições de distinguir entre as raras ocasiões nas quais o interesse comum devia fazê-lo contar com a assistência de seus semelhantes e aquelas, ainda mais raras, nas quais a concorrência devia fazê-lo desconfiar deles. No primeiro caso, unia-se a eles em bando, ou, no máximo, por alguma sorte de associação livre que não obrigava ninguém e que só durava enquanto existisse a necessidade passageira que a havia formado. No segundo, cada um buscava tirar vantagem, seja abertamente pela força, se acreditasse poder fazê-lo, seja por destreza e sutileza, se se sentisse o mais fraco.

Eis como os homens puderam adquirir imperceptivelmente uma ideia grosseira dos compromissos mútuos e da vantagem de cumpri-los, mas somente enquanto o interesse presente e tangível pudesse exigi-lo; pois a previdência nada significava para eles, e, longe de se ocuparem com um futuro distante, não pensavam sequer no dia seguinte. Tratava-se de caçar um veado? Cada um sentia claramente que devia para isso guardar fielmente seu posto; mas se uma lebre viesse a passar ao alcance de um deles, não se deve duvidar de que a perseguiria sem escrúpulos, e tendo alcançado sua presa, ele se preocuparia muito pouco com o fato de que aos seus companheiros lhes faltasse a deles.

É fácil compreender que tal convívio não exigia uma linguagem muito mais refinada do que a dos corvos ou a dos macacos, que se reúnem quase da mesma maneira. Gritos inarticulados, muitos gestos e alguns ruídos imitativos devem ter composto durante muito tempo a língua universal; os quais, acrescidos em cada país de alguns sons articulados e convencionais cuja instituição, como já o disse, não é muito fácil de explicar, produziram línguas particulares, mas grosseiras, imperfeitas e quase tais como as têm ainda hoje diversas nações selvagens.

Percorro como um tiro multidões de séculos, forçado pelo tempo que flui, pela abundância das coisas que tenho a dizer e pelo progresso quase imperceptível dos começos, pois quanto mais lentamente os eventos se sucedem, mais eles são rápidos de descrever.

Esses primeiros progressos enfim puseram o homem ao alcance de fazer outros mais rápidos. Quanto mais o espírito se esclarecia, mais a indústria se aperfeiçoava. Logo, deixando de dormir sob a primeira árvore, ou de retirar-se nas cavernas, encontram-se alguns tipos de machados de pedras duras e cortantes que serviam para cortar lenha, cavar a terra e fazer cabanas de ramos, que decidiram então untar com argila e lama. Essa foi a época de uma primeira revolução que formou o estabelecimento e a distinção das famílias, e que introduziu uma espécie de propriedade; de onde talvez nasceram já muitas querelas e combates. No entanto, como os mais fortes foram aparentemente os primeiros a fazer para si habitações que se sentiam capazes de defender, pode-se acreditar que os fracos acharam mais rápido e mais seguro imitá-los do que tentar desalojá-los; e quanto aos que já tinham cabanas, cada um destes pouco tinha que procurar se apropriar da de seu vizinho, menos porque não lhe pertencia do que porque lhes era inútil, e porque não podiam se apoderar dela sem expor-se a um combate muito violento com a família que a ocupava.

Os primeiros desenvolvimentos do coração foram o efeito de uma situação nova que reunia, em uma habitação comum, os maridos e as esposas, os pais e os filhos: o hábito de viver juntos fez nascer os mais doces sentimentos que sejam conhecidos dos homens, o amor conjugal e o amor paterno. Cada família tornou-se uma pequena sociedade, tanto mais unida quanto a afeição recíproca e a liberdade eram seus únicos laços; e foi então que se estabeleceu a primeira diferença na maneira de viver dos dois sexos, que até então era única. As mulheres tornaram-se mais sedentárias e se acostumaram a cuidar da cabana e dos filhos, enquanto o homem ia buscar a subsistência comum. Os dois sexos começaram também, por uma vida um pouco mais branda, a perder algo de sua ferocidade e de seu vigor: mas se cada um separadamente tornou-se menos apto a combater os animais selvagens, em contrapartida foi mais fácil reunirem-se para lhes resistir em comum.

Nesse novo estado, com uma vida simples e solitária, necessidades muito limitadas e os instrumentos que haviam inventado para provê-las, os homens, gozando de um maior lazer, o empregaram para obter vários tipos de comodidades desconhecidas de seus pais; e esse foi o primeiro jugo que se impuseram sem pensar, e a primeira fonte de males que prepararam para seus descendentes; pois além do fato de continuarem assim a amolecer o corpo e o espírito, essas comodidades, tendo pelo hábito perdido quase todo seu prazer, e estando ao mesmo tempo degeneradas em verdadeiras necessidades, sua privação tornou-se muito mais cruel do que sua posse era doce, e ficava-se infeliz de perdê-las, sem ficar feliz de possuí-las.

Entrevemos um pouco melhor aqui como o uso da palavra se estabelece ou se aperfeiçoa imperceptivelmente no seio de cada família, e podemos conjeturar ainda como diversas causas particulares puderam estender a linguagem e acelerar seu progresso, tornando-a mais necessária. Grandes inundações ou terremotos cercaram de águas ou de precipícios regiões habitadas; revoluções do globo separaram e isolaram em ilhas porções do continente. Concebe-se que entre homens assim aproximados e forçados a viver juntos, deve ter se formado um idioma comum, mais do que entre os que vagavam livremente nas florestas da terra firme. Assim, é muito possível que, após suas primeiras tentativas de navegação, alguns insulares tenham trazido até nós o uso da palavra; e é pelo menos muito provável que a sociedade e as línguas nasceram nas ilhas e nelas se aperfeiçoaram antes de serem conhecidas no continente.

Tudo começa a mudar de figura. Os homens até então errantes nos bosques, tendo assumido uma base mais fixa, aproximam-se lentamente, reúnem-se em diversos grupos e formam, enfim, em cada região, uma nação particular, unida por costumes e características, não por regulamentos e leis, mas pelo mesmo tipo de vida e de alimentos, e pela influência comum do clima. Uma vizinhança permanente não pode deixar de engendrar enfim alguma ligação entre diversas famílias. Jovens de diferentes sexos habitam cabanas vizinhas, a relação passageira que a natureza demanda logo traz outra, não menos doce e mais permanente, pelo convívio mútuo. Acostumam-se a considerar diferentes objetos e a fazer comparações; adquirem imperceptivelmente ideias de mérito e de beleza que produzem sentimentos de preferência. Por força de se verem, já não podem prescindir de se verem outra vez. Um sentimento terno e doce insinua-se na alma, e à menor oposição torna-se uma fúria impetuosa; o ciúme desperta com o amor; a discórdia triunfa e a mais doce das paixões recebe sacrifícios de sangue humano.

À medida que as ideias e os sentimentos se sucedem, que o espírito e o coração se exercitam, o gênero humano continua a se domesticar, as ligações se estendem e os laços se estreitam. Acostumam-se a reunir-se diante das cabanas ou em torno de uma grande árvore: o canto e a dança, verdadeiros filhos do amor e do lazer, tornaram-se o divertimento ou antes a ocupação dos homens e das mulheres ociosos e agrupados. Cada um começou a olhar os outros e a querer ser olhado ele mesmo, e a estima pública teve um preço. Quem cantava ou dançava melhor; o mais belo, o mais forte, o mais habilidoso ou o mais eloquente tornou-se o mais considerado, e esse foi o primeiro passo para a desigualdade e para o vício ao mesmo tempo: dessas primeiras preferências nasceram, por um lado, a vaidade e o desprezo, e por outro, a vergonha e a inveja; e a fermentação causada por essas novas leveduras produziu enfim compostos funestos para a felicidade e a inocência.

Assim que os homens começaram a se apreciar mutuamente, e que a ideia de consideração foi formada em seu espírito, cada um pretendeu ter direito a ela, e já não foi possível a ninguém carecer impunemente dela. Daí surgiram os primeiros deveres da civilidade, mesmo entre os selvagens, e toda falta voluntária tornou-se um ultraje, porque, com o mal que resultava da injúria, o ofendido reputava o desprezo por sua pessoa frequentemente mais insuportável do que o próprio mal. Foi assim que, cada um punindo o desprezo que lhe demonstravam de uma maneira proporcional à ideia que fazia de si mesmo, as vinganças tornaram-se terríveis e os homens sanguinários e cruéis. Eis precisamente o grau a que chegou a maioria dos povos selvagens que nos são conhecidos; e foi por não terem distinguido suficientemente as ideias e notado o quanto esses povos já estavam longe do primeiro estado de natureza que muitos se apressaram a concluir que o homem é naturalmente cruel e tem necessidade de polícia para abrandá-lo, ao passo que nada é tão suave quanto ele em seu estado primitivo, quando, colocado pela natureza a distâncias iguais da estupidez dos brutos e das luzes funestas do homem civil, e restringido igualmente pelo instinto e pela razão a proteger-se do mal que o ameaça, ele é impedido pela piedade natural de fazer ele mesmo o mal a alguém sem ser levado a isso por alguma coisa, mesmo após tê-lo recebido. Pois, segundo o axioma do sábio Locke, *não poderia haver injúria onde não há propriedade*.

Mas é preciso notar que a sociedade iniciada e as relações já estabelecidas entre os homens exigiam deles qualidades diferentes daquelas que tinham em sua constituição primitiva. A moralidade, começando a introduzir-se nas ações humanas, e cada um, perante as leis, sendo o único juiz e vingador das ofensas que recebia, a bondade conveniente ao puro estado de natureza já não era a que convinha à sociedade nascente. Era preciso que as punições se tornassem mais severas à medida que as ocasiões de ofender se tornavam mais frequentes, e cumpria ao terror das vinganças tomar o lugar do freio das leis. Assim, conquanto os homens tivessem se tornado menos resistentes, e a piedade natural já tivesse sofrido alguma alteração, esse período do desenvolvimento das faculdades humanas, mantendo um justo meio-termo entre a indolência do estado primitivo e a petulante atividade de nosso amor-próprio, deve ter sido a época mais feliz e a mais duradoura. Quanto mais se reflete sobre isso, mais se percebe que esse estado era o menos sujeito a revoluções e o melhor para o homem [nota 16], e que ele só deve tê-lo deixado por algum funesto acaso que, para a utilidade comum, nunca devia ter acontecido. O exemplo dos selvagens, que quase todos encontramos nesse ponto, parece confirmar que o gênero humano foi feito para permanecer sempre aí, que esse estado é a verdadeira juventude do mundo, e que todos os progressos ulteriores foram aparentemente tantos passos para a perfeição do indivíduo e, de fato, para a decrepitude da espécie.

Enquanto os homens se contentaram com suas cabanas rústicas, enquanto se limitaram a costurar suas roupas de peles com espinhos de plantas ou espinhas de peixe, a se adornar de penas e conchas, a pintar o corpo de diversas cores, a aperfeiçoar ou embelezar seus arcos e flechas, a talhar com pedras afiadas canoas de pesca ou grosseiros instrumentos musicais, em suma, enquanto aplicaram-se apenas a obras que um só podia fazer e a artes que não precisavam do concurso de várias mãos, eles viveram livres, saudáveis, bons e felizes tanto quanto podiam sê-lo por sua natureza, e continuaram a desfrutar entre si as doçuras de um comércio independente. Mas, desde o instante em que um homem precisou da ajuda de outro; desde que se percebeu que era útil para um só ter provisões para dois, a igualdade desapareceu, a propriedade se introduziu, o trabalho se tornou necessário e as vastas florestas se transformaram em campos risonhos que era preciso regar com o suor dos homens, e nos quais logo se viu a escravidão e a miséria germinarem e crescerem com as colheitas.

A metalurgia e a agricultura foram as duas artes cuja invenção produziu essa grande revolução. Para o poeta, foram o ouro e a prata, mas para o filósofo foram o ferro e o trigo que civilizaram os homens e corromperam o gênero humano. Tanto a metalurgia quanto a agricultura eram desconhecidas dos selvagens da América, que, por isso, permaneceram sempre selvagens; os outros povos parecem mesmo ter permanecido bárbaros enquanto praticaram uma dessas artes sem a outra. E talvez uma das melhores razões pelas quais a Europa foi, se não mais cedo, pelo menos mais constantemente e melhor civilizada do que as outras partes do mundo, é que ela é ao mesmo tempo a mais abundante em ferro e a mais fértil em trigo.

É muito difícil conjecturar como os homens chegaram a conhecer e empregar o ferro, pois não é crível que tenham imaginado por si mesmos tirar a matéria da mina e dar-lhe as preparações necessárias para colocá-la em fusão antes de saber o que resultaria disso. Por outro lado, pode-se tanto menos atribuir essa descoberta a algum incêndio acidental, uma vez que as minas se formam apenas em lugares áridos e desprovidos de árvores e plantas, de sorte que se diria que a natureza havia tomado precauções para nos furtar este segredo fatal. Resta, portanto, apenas a circunstância extraordinária de algum vulcão que, vomitando matérias metálicas em fusão, teria dado aos observadores a ideia de imitar essa operação da natureza; e é preciso ainda supor-lhes muita coragem e previdência para empreender um trabalho tão penoso e considerar de tão longe as vantagens que dele podiam retirar, o que praticamente só convém a espíritos já mais exercitados do que o deviam ser.

Quanto à agricultura, seu princípio foi conhecido muito antes que essa prática fosse estabelecida, e dificilmente é possível que os homens, incessantemente ocupados em tirar sua subsistência das árvores e das plantas, não tivessem, bem prontamente, a ideia dos meios que a natureza emprega para a geração dos vegetais; mas sua indústria provavelmente só se voltou muito tarde para esse lado, seja porque as árvores, que com a caça e a pesca forneciam seu alimento, não tinham necessidade de seus cuidados, seja porque não conheciam o uso do trigo, seja por falta de instrumentos para o cultivar, seja por falta de previdência da necessidade por vir, seja, enfim, por falta de meios para impedir os outros de se apropriarem do fruto de seu trabalho. Ao tornarem-se mais industriosos, pode-se supor que com pedras afiadas e bastões pontiagudos, eles começaram por cultivar alguns legumes ou raízes ao redor de suas cabanas, muito antes de saberem preparar o trigo e de terem os instrumentos necessários para o cultivo em larga escala; sem contar que, para entregar-se a essa ocupação e semear a terra, é preciso resolver-se a perder de antemão alguma coisa para ganhar muito em seguida; precaução muito distante da mentalidade do homem selvagem, que, como eu disse, tem muita dificuldade de pensar, de manhã, nas suas necessidades da noite.

A invenção das outras artes foi, portanto, necessária para forçar o gênero humano a dedicar-se à da agricultura. Desde que foram necessários homens para fundir e forjar o ferro, foram necessários outros homens para alimentá-los. Quanto mais o número de operários se multiplicava, menos havia mãos ocupadas em fornecer a subsistência comum, sem que houvesse menos bocas para consumi-la; e como uns precisavam de alimentos em troca do ferro, os outros descobriram enfim o segredo de empregar o ferro para a multiplicação de alimentos. Daí nasceram, de um lado, a lavoura e a agricultura, e, de outro, a arte de trabalhar os metais e multiplicar seus usos.

Do cultivo da terra seguiu-se necessariamente sua partilha; e da propriedade, uma vez reconhecida, as primeiras regras de justiça: pois para dar a cada um o que é seu, é preciso que cada um possa ter alguma coisa; além disso, os homens começando a olhar para o futuro, e vendo todos alguns bens a perder, não havia nenhum que não tivesse a temer a represália pelos danos que pudesse causar a outrem. Essa origem é tanto mais natural quanto é impossível conceber a ideia da propriedade nascente de outro lugar que não da mão de obra; pois não se vê o que, para apropriar-se das coisas que não fez, o homem nelas possa pôr além de seu trabalho. É somente o trabalho que, dando direito ao cultivador sobre o produto da terra que lavrou, lhe dá, por conseguinte, direito sobre a gleba, pelo menos até a colheita, e assim de ano em ano, o que, estabelecendo uma posse contínua, transforma-se facilmente em propriedade. Quando os Antigos, diz Grotius, deram a Ceres o epíteto de legisladora, e a uma festa celebrada em sua honra o nome de Tesmofórias, eles deram a entender por isso que a partilha das terras produziu uma nova espécie de direito, qual seja, o direito de propriedade diferente daquele que resulta da lei natural.

As coisas nesse estado poderiam permaner iguais se os talentos fossem iguais, e se, por exemplo, o emprego do ferro e o consumo de alimentos estivessem sempre em um equilíbrio exato; mas a proporção, que em nada se mantinha, foi logo rompida; o mais forte fazia mais obras; o mais habilidoso tirava melhor partido das suas; o mais engenhoso encontrava meios de abreviar o trabalho; o lavrador tinha mais necessidade de ferro, ou o ferreiro mais necessidade de trigo, e, trabalhando igualmente, um ganhava muito enquanto o outro mal conseguia viver. É assim que a desigualdade natural se desdobra imperceptivelmente com a de arranjo, e que as diferenças dos homens, desenvolvidas pelas das circunstâncias, tornam-se mais sensíveis, mais permanentes em seus efeitos, e começam a influir na mesma proporção sobre a sorte dos indivíduos.

Tendo as coisas chegado a esse ponto, é fácil imaginar o resto. Não me deterei em descrever a invenção sucessiva das outras artes, o progresso das línguas, a prova e o emprego dos talentos, a desigualdade das fortunas, o uso ou o abuso das riquezas, tampouco todos os detalhes que os seguem e que cada um pode facilmente suprir. Eu me limitarei somente a lançar um olhar sobre o gênero humano colocado nessa nova ordem de coisas.

Eis, portanto, todas as nossas faculdades desenvolvidas, a memória e a imaginação em jogo, o amor-próprio interessado, a razão tornada ativa e o espírito tendo quase alcançado a perfeição de que é suscetível. Eis todas as qualidades naturais postas em ação, a posição e a sorte de cada homem estabelecidas não somente sobre a quantidade dos bens e o poder de servir ou de prejudicar, mas sobre a inteligência, a beleza, a força ou a destreza, sobre o mérito ou os talentos; e essas qualidades, sendo as únicas que podiam atrair consideração, logo foi necessário tê-las ou afetá-las. Foi necessário, para a sua própria vantagem, mostrar-se diferente do que se era de fato. Ser e parecer tornaram-se duas coisas totalmente diferentes, e dessa distinção saíram a pompa imponente, a astúcia enganosa e todos os vícios que são seu cortejo. Por outro lado, de livre e independente que era anteriormente o homem, ei-lo, por uma multidão de novas necessidades, sujeitado, por assim dizer, a toda a natureza, e, sobretudo, a seus semelhantes, dos quais se torna escravo, em certo sentido, mesmo tornando-se seu senhor; rico, ele precisa de seus serviços; pobre, ele precisa de sua ajuda, e a posição média não lhe permite prescindir deles. É preciso, portanto, que busque incessantemente interessá-los por sua sorte, e fazê-los encontrar, de fato ou em aparência, o proveito deles ao trabalharem para o seu: o que o torna falso e artificioso com uns, imperioso e duro com outros, e o obriga a abusar de todos aqueles dos quais necessita, quando não pode se fazer temer por eles, e quando não é de seu interesse servi-los utilmente. Enfim, a ambição devoradora, o desejo ardente de aumentar sua fortuna relativa, menos por uma verdadeira necessidade do que para se colocar acima dos outros, inspira a todos os homens uma sombria propensão a se prejudicarem mutuamente, uma inveja secreta tanto mais perigosa quanto, para desferir seu golpe com mais segurança, ela usa frequentemente a máscara da benevolência. Em suma, concorrência e rivalidade de um lado, e, de outro, oposição de interesses e sempre o desejo oculto de tirar proveito à custa de outrem. Todos esses males são o primeiro efeito da propriedade e o cortejo inseparável da desigualdade nascente.

Antes que se tivesse inventado os sinais representativos das riquezas, elas praticamente só podiam consistir em terras e gado, os únicos bens reais que os homens podiam possuir. Ora, quando os patrimônios aumentaram em número e em extensão a ponto de cobrirem o solo inteiro e de todos se tocarem, uns só puderam crescer à custa dos outros, e os supranumerários, que a fraqueza ou a indolência haviam impedido de, por sua vez, adquiri-los, tornados pobres sem terem nada perdido, porque tudo mudando em torno deles, só eles não tinham mudado, foram obrigados a receber ou a roubar sua subsistência da mão dos ricos, e daí começaram a nascer, segundo os diversos caracteres de uns e de outros, a dominação e a servidão, ou a violência e as rapinas. Os ricos, por sua vez, tão logo conheceram o prazer de dominar, prontamente desdenharam todos os outros, e, servindo-se de seus antigos escravos para submeter novos, só pensaram em subjugar e escravizar seus vizinhos; semelhantes a esses lobos famintos que, tendo uma vez provado carne humana, rejeitam qualquer outro alimento e só querem devorar homens.

Foi assim que os mais poderosos ou os mais miseráveis fizeram de suas forças ou de suas necessidades uma espécie de direito ao bem de outrem, equivalente, segundo eles, ao de propriedade, e a igualdade rompida foi seguida da mais terrível desordem; foi assim que as usurpações dos ricos, os saques dos pobres, as paixões desenfreadas de todos, sufocando a piedade natural e a voz ainda fraca da justiça, tornaram os homens avaros, ambiciosos e malvados. Surgia entre o direito do mais forte e o direito do primeiro ocupante um conflito perpétuo que só terminava por combates e mortes. [nota 17] A sociedade nascente deu lugar ao mais horrível estado de guerra: o gênero humano, aviltado e desolado, não podendo mais voltar atrás nem renunciar às aquisições infelizes que fizera e trabalhando apenas para sua vergonha pelo abuso das faculdades que o honram, pôs-se na iminência da própria ruína.

Attonitus novitate mali, divesque miserque,
Effugere optat opes, et quae modo voverat, odit.[5]

Não é possível que os homens não tenham feito, enfim, reflexões sobre uma situação tão miserável e sobre as calamidades pelas quais eram oprimidos. Os ricos, sobretudo, logo devem ter sentido o quanto lhes era desvantajosa uma guerra perpétua com cujas despesas teriam que arcar sozinhos, na qual o risco da vida era comum, e o dos bens, particular.

---

5. "Atônito com a novidade do mal, rico e miserável ao mesmo tempo, ele deseja fugir da riqueza e odeia o que acabou de desejar." (Ovídio, *Metamorfoses*, XI, 127) (N.T.)

Aliás, qualquer que fosse a cor que pudessem dar a suas usurpações, eles sentiam suficientemente que elas estavam estabelecidas apenas sobre um direito precário e abusivo, e que, tendo sido adquiridas exclusivamente pela força, a força podia lhas suprimir sem que tivessem razão para se queixar. Mesmo aqueles que só a indústria havia enriquecido dificilmente podiam fundar sua propriedade sobre títulos melhores. Eles diziam em vão: "Fui eu que construí este muro; adquiri este terreno por meu trabalho", pois podiam responder-lhe: "Quem lhe autorizou as demarcações? E em virtude de que você pretende ser pago à nossa custa por um trabalho que não lhe impusemos? Você ignora que uma multidão de seus irmãos perecem ou sofrem por necessidade daquilo que você tem de sobra, e que seria preciso um consentimento expresso e unânime do gênero humano para que você se apropriasse daquilo que, na subsistência comum, ultrapassa a sua?" Destituído de razões válidas para se justificar, e de forças suficientes para se defender, esmagando com facilidade um indivíduo, mas esmagado ele mesmo por quadrilhas de bandidos, sozinho contra todos e não podendo, por causa das invejas mútuas, unir-se com seus iguais contra inimigos unidos pela esperança comum da pilhagem, o rico, pressionado pela necessidade, concebeu enfim o projeto mais ponderado que alguma vez entrou no espírito humano, o de empregar a seu favor as forças mesmas daqueles que o atacavam, de tornar em defensores seus adversários, de inspirar-lhes outras máximas e dar-lhes outras instituições que lhe fossem tão favoráveis quanto o direito natural lhe era contrário.

Dessa perspectiva, após ter exposto aos seus vizinhos o horror de uma situação que os armava todos uns contra os outros, que tornava suas posses tão onerosas quanto suas necessidades e onde ninguém encontrava segurança nem na riqueza nem na pobreza, ele inventou facilmente razões especiosas para levá-los a seu objetivo. "Unamo-nos", disse a eles, "para proteger da opressão os fracos, conter os ambiciosos e assegurar a cada um a posse do que lhe pertence: instituamos regras de justiça e de paz às quais todos sejam obrigados a se conformar, que não façam acepção de pessoas, e que reparem de algum modo os caprichos da fortuna, submetendo igualmente o poderoso e o fraco a deveres mútuos. Em suma, em vez de voltar nossas forças contra nós mesmos, reunamo-las em um poder supremo que nos governe segundo leis sábias, que proteja e defenda todos os membros da associação, afaste os inimigos comuns e nos mantenha em uma concórdia eterna".

Foi preciso muito menos do que o equivalente a esse discurso para persuadir homens grosseiros, fáceis de seduzir, e que, aliás, tinham muitas questões a resolver entre si para poderem prescindir de árbitros, e muita avareza e ambição para poderem, por muito tempo, prescindir de senhores. Todos correram ao encontro de seus grilhões acreditando assegurar sua liberdade, pois, embora tivessem razão suficiente para perceber as vantagens de um estabelecimento político, não tinham experiência suficiente para prever seus perigos; os mais capazes de pressentir os abusos eram precisamente os que contavam se aproveitar deles, e os sábios mesmos viram que era preciso resolver-se a sacrificar uma parte de sua liberdade para a conservação da outra, como um ferido que amputa o braço para salvar o resto do corpo.

Tal foi, ou deve ter sido, a origem da sociedade e das leis, que deram novos entraves ao fraco e novas forças ao rico, [nota 18] destruíram irremediavelmente a liberdade natural, fixaram para sempre a lei da propriedade e da desigualdade, fizeram de uma hábil usurpação um direito irrevogável, e, para o proveito de alguns ambiciosos, sujeitaram doravante todo o gênero humano ao trabalho, à servidão e à miséria. Vê-se facilmente como o estabelecimento de uma única sociedade tornou indispensável o de todas as outras, e como, para fazer frente a forças unidas, foi preciso unir-se por sua vez. As sociedades, multiplicando-se ou estendendo-se rapidamente, logo cobriram toda a superfície da terra, e já não foi possível encontrar um único canto no universo onde se pudesse livrar-se do jugo e esquivar a cabeça do gládio, frequentemente malconduzido, que cada homem viu perpetuamente suspenso sobre a sua. O direito civil, tendo assim tornado-se a regra comum dos cidadãos, a lei da natureza só continuou existindo entre as diversas sociedades, onde, sob o nome de direito das gentes, foi temperada por algumas convenções tácitas para tornar o convívio possível e suprir a comiseração natural, a qual, perdendo de sociedade a sociedade quase toda a força que tinha de homem a homem, já não reside senão em algumas grandes almas cosmopolitas, que franqueiam as barreiras imaginárias que separam os povos, e que, a exemplo do ser soberano que as criou, abraçam todo o gênero humano em sua benevolência.

Os corpos políticos, que entre si permaneciam no estado de natureza, logo sentiram os inconvenientes que haviam forçado os indivíduos a sair dele, e esse estado tornou-se ainda mais funesto entre esses grandes corpos do que fora antes entre os indivíduos de que eram compostos. Daí surgiram as guerras nacionais, as batalhas, os morticínios, as represálias que fazem estremecer a natureza e chocam a razão e todos esses preconceitos horríveis que situam na classe das virtudes a honra de derramar o sangue humano. As pessoas mais honestas aprenderam a contar entre seus deveres o de degolar seus semelhantes; viu-se, enfim, os homens massacrarem-se aos milhares sem saber por quê; e cometeu-se mais assassinatos em um único dia de combate, e mais horrores na tomada de uma única cidade, do que se havia cometido no estado de natureza durante séculos inteiros sobre toda a face da terra. Tais são os primeiros efeitos que se entreviu da divisão do gênero humano em diferentes sociedades. Voltemos às suas instituições.

Sei que vários atribuíram outras origens às sociedades políticas, como as conquistas do mais poderoso ou a união dos fracos, e a escolha entre essas causas é indiferente ao que quero estabelecer. No entanto, a que acabo de expor parece-me a mais natural pelas seguintes razões: 1. No primeiro caso, não sendo o direito de conquista um direito, ele não pôde fundar nenhum outro, o conquistador e os povos conquistados permanecendo sempre entre si no estado de guerra, a menos que a nação, recolocada em plena liberdade, escolhesse voluntariamente seu vencedor como chefe. Até aí, quaisquer capitulações que se tenham feito, como foram fundadas exclusivamente na violência, e, por conseguinte, sendo assim nulas, não pode haver nessa hipótese nem verdadeira sociedade, nem corpo político, nem outra lei senão a do mais forte. 2. As palavras forte e fraco são equívocas no segundo caso; no intervalo que se encontra entre o estabelecimento do direito de propriedade ou de primeiro ocupante, e o dos governos políticos, o sentido desses termos é melhor expresso pelas palavras pobre e rico, porque, com efeito, um homem não tinha, antes das leis, outro meio de sujeitar seus iguais a não ser atacando seus bens ou partilhando com eles algo dos seus. 3. Os pobres, não tendo nada a perder a não ser a liberdade, para eles teria sido uma grande loucura privarem-se voluntariamente do único bem que lhes restava para nada ganharem em troca; ao contrário, os ricos sendo, por assim dizer, sensíveis em todas as partes de seus bens, era muito mais fácil lhes fazer mal, porque tinham, por conseguinte, mais precauções a tomar para se proteger; e, enfim, é razoável crer que uma coisa tenha sido inventada por aqueles aos quais ela é útil, e não por aqueles aos quais causa dano.

O governo nascente não teve uma forma constante e regular. A falta de filosofia e de experiência só deixava perceber os inconvenientes presentes, e só se pensava em remediar os outros à medida que se apresentavam. Apesar de todos os trabalhos dos mais sábios legisladores, o estado político sempre permaneceu imperfeito, porque era quase obra do acaso, e porque, mal começado, o tempo, descobrindo-lhe os defeitos e sugerindo remédios, nunca pôde reparar os vícios da constituição; emendava-se sem cessar, quando era preciso começar por limpar a área e afastar todos os velhos materiais, como fez Licurgo em Esparta, para então erguer um bom edifício. Inicialmente, a sociedade consistiu apenas em algumas convenções gerais que todos os indivíduos se comprometiam a observar, e das quais a comunidade se tornava fiadora em relação a cada um deles. Foi preciso que a experiência mostrasse o quanto tal constituição era frágil e o quanto era fácil para os infratores evitar a acusação ou o castigo por faltas das quais somente o público devia ser a testemunha e o juiz; foi preciso que a lei fosse eludida de mil maneiras, que os inconvenientes e as desordens se multiplicassem continuamente, para que se pensasse, enfim, em confiar a particulares o perigoso depósito da autoridade pública, e que se cometesse a magistrados a tarefa de fazer observar as deliberações do povo: pois dizer que os chefes foram escolhidos antes que a confederação fosse criada, e que os ministros das leis existiram antes das leis mesmas, é uma suposição que não se pode levar a sério.

Não seria mais razoável crer que os povos primeiramente se tenham lançado nos braços de um senhor absoluto, sem condições e sem retorno, e que o primeiro meio de prover a segurança comum, que homens altivos e indômitos imaginaram, tenha sido precipitar-se na escravidão. Com efeito, por que se dariam superiores, se não fosse para defendê-los contra a opressão e proteger seus bens, suas liberdades e suas vidas, que são, por assim dizer, os elementos constitutivos de seu ser? Ora, como nas relações de homem a homem o pior que pode acontecer é um ficar à mercê do outro, não seria um contrassenso começar por despojar-se, nas mãos de um chefe, das únicas coisas para cuja conservação eles tinham necessidade de seu auxílio? Qual equivalente teria ele podido lhes oferecer pela concessão de um tão belo direito? E, se ele tivesse ousado exigi-lo sob o pretexto de defendê-los, teria logo recebido a resposta do apólogo: "O que mais nos fará o inimigo?". É, portanto, incontestável, e é a máxima fundamental de todo direito político – que os povos se deram chefes para defender sua liberdade, e não para os escravizar. Se temos um príncipe, dizia Plínio a Trajano, é *a fim de que ele nos preserve de ter um senhor.*

Nossos políticos fazem sobre o amor à liberdade os mesmos sofismas que nossos filósofos fizeram sobre o estado de natureza; pelas coisas que veem, julgam coisas muito diferentes, que não viram, e atribuem aos homens uma propensão natural à servidão pela paciência com a qual aqueles que têm sob os olhos suportam a deles, sem pensar que acontece com a liberdade o mesmo que com a inocência e a virtude, cujo valor só se sente quando se as usufrui, e cujo gosto se perde tão logo se as perde. "Conheço as delícias do teu país", dizia Brásidas a um sátrapa que comparava a vida de Esparta à de Persépolis, "mas não podes conhecer os prazeres do meu".

Como um corcel indomável eriça a crina, bate a terra com as patas e se debate impetuosamente à mera aproximação do freio, enquanto um cavalo domesticado suporta pacientemente a vara e a espora, o homem bárbaro não curva a cabeça ao jugo que o homem civilizado carrega sem murmurar, e prefere a mais tormentosa liberdade a uma sujeição tranquila. Não é, portanto, pelo aviltamento dos povos escravizados que se devem julgar as disposições naturais do homem a favor ou contra a servidão, mas pelos prodígios que todos os povos livres fizeram para se proteger da opressão. Sei que os primeiros não fazem senão celebrar sem cessar a paz e o repouso que desfrutam em suas cadeias, e que *miserrimam servitutem pacem appelant*.[6] Mas quando vejo os outros sacrificarem os prazeres, o repouso, a riqueza, o poder e a própria vida pela conservação desse único bem, tão desdenhado por aqueles que o perderam; quando vejo animais nascidos livres, e que abominam o cativeiro, baterem a cabeça contra as barras de sua prisão; quando vejo multidões de selvagens completamente nus desprezarem as volúpias europeias e enfrentarem a fome, o fogo, o ferro e a morte para conservar apenas sua independência, sinto que não é a escravos que compete raciocinar sobre a liberdade.

Quanto à autoridade paterna, da qual vários fizeram derivar o governo absoluto e toda a sociedade, sem recorrer às provas contrárias de Locke e de Sidney, basta observar que nada no mundo está mais distante do espírito feroz do despotismo do que a doçura dessa autoridade, que considera mais a vantagem de quem obedece do que a utilidade de quem

6. "Chamam de paz a mais miserável das servidões" (Tácito, *Histórias*, IV, 17). (N.T.)

comanda; e que, pela lei da natureza, o pai só é senhor do filho enquanto seu auxílio lhe é necessário, além deste termo eles se tornam iguais, e, então, o filho, perfeitamente independente do pai, deve-lhe apenas respeito e não obediência, pois o reconhecimento é um dever que se deve manifestar, mas não um direito que se possa exigir. Em vez de dizer que a sociedade civil deriva do poder paterno, devia-se dizer, ao contrário, que é dela que esse poder tira sua principal força: um indivíduo só foi reconhecido como pai de vários quando estes se reuniram em torno dele. Os bens do pai, dos quais ele é verdadeiramente o senhor, são os laços que retêm seus filhos sob sua dependência, e ele pode só fazê-los participarem de sua sucessão à proporção que tiverem merecido por uma contínua deferência a suas vontades. Ora, longe de os súditos terem algum favor semelhante a esperar de seu déspota, como lhe pertencem como próprios, eles e tudo o que possuem, ou pelo menos ele assim o pretende, eles são reduzidos a receber como um favor o que o déspota lhes deixa de seus próprios bens; ele faz justiça quando os despoja, concede graça quando os deixa viver.

Continuando a examinar assim os fatos pelo direito, não se encontraria mais solidez do que verdade no estabelecimento voluntário da tirania, e seria difícil mostrar a validade de um contrato que obrigasse apenas uma das partes, no qual se pusesse tudo de um lado e nada do outro, e que só resultasse em prejuízo para quem se compromete. Esse sistema odioso está muito longe de ser, mesmo hoje, o dos sábios e bons monarcas, e, sobretudo, dos reis da França, como se pode ver em diversas passagens de seus éditos, e, em particular, na seguinte passagem de um escrito célebre, publicado em 1667, em nome e por ordem de Luís XIV: "Não se diga, portanto, que o soberano não está sujeito às leis de seu

Estado, porquanto a proposição contrária é uma verdade do direito das gentes que a adulação às vezes atacou, mas que os bons príncipes sempre defenderam como uma divindade tutelar de seus Estados. Muito mais legítimo é dizer, com o sábio Platão, que a perfeita felicidade de um reino é que um príncipe seja obedecido pelos súditos, que o príncipe obedeça à Lei e que a Lei seja correta e sempre dirigida ao bem público". Sendo a liberdade a mais nobre das faculdades do homem, não me deterei em investigar se não é degradar sua natureza, colocar-se no nível dos animais escravos do instinto, e até mesmo ofender o Autor de seu ser, renunciar sem reserva ao mais precioso de todos os seus dons, submeter-se a cometer todos os crimes que Ele nos proíbe para agradar a um senhor feroz ou insensato, e se esse operário sublime deve ficar mais irritado em ver destruir ou em ver desonrar sua mais bela obra. Negligenciarei, se quiserem, a autoridade de Barbeyrac, que declara claramente, de acordo com Locke, que ninguém pode vender sua liberdade até submeter-se a um poder arbitrário que o trate a seu gosto, "pois", ele acrescenta, "seria vender a própria vida, da qual não é o senhor". Perguntarei somente com que direito os que não têm medo de aviltar-se a esse ponto puderam submeter sua posteridade à mesma ignomínia, e renunciar por ela a bens que não se devem a sua liberalidade, e sem os quais a vida mesma é onerosa para todos aqueles que são dignos dela.

Pufendorff diz que, assim como se transfere um bem a outrem por convenções e contratos, pode-se também despojar-se da própria liberdade em favor de alguém. Esse me parece um raciocínio muito mau, pois, primeiramente, o bem que alieno se me torna uma coisa totalmente estranha, cujo abuso me é indiferente, mas para mim importa que não abusem de minha liberdade, e não posso, sem me tornar culpado do mal que me forçarão a fazer, expor-me a tornar-me o instrumento do crime. Além disso, sendo o direito de propriedade apenas convenção e instituição humana, todo homem pode dispor à vontade do que possui, mas o mesmo não se passa com os dons essenciais da natureza, tais como a vida e a liberdade, dos quais é permitido a cada um usufruir, e dos quais é no mínimo duvidoso que se tenha o direito de se despojar: eliminando-se uma degrada-se o ser, eliminando-se a outra aniquila-se o que ele é em si, e como nenhum bem temporal pode compensar uma e outra, renunciar a elas, por qualquer preço que fosse, seria ofender ao mesmo tempo a natureza e a razão. Mas, se se pudesse alienar a própria liberdade, assim como os próprios bens, a diferença seria muito grande para os filhos, que só usufruem dos bens do pai pela transmissão de seu direito, ao passo que, sendo a liberdade um dom que eles obtêm da natureza por sua qualidade de homens, seus pais não tiveram nenhum direito de os despojar dela; de sorte que, como para estabelecer a escravidão foi necessário violentar a natureza, foi necessário modificá-la para perpetuar esse direito, e os jurisconsultos que pronunciaram gravemente que o filho de um escravo nasceria escravo decidiram, em outros termos, que um homem não nasceria homem.

Parece-me, portanto, certo que não somente os governos não começaram pelo poder arbitrário, que nada mais é do que sua corrupção, seu termo extremo, e que os reconduz enfim exclusivamente à lei do mais forte, da qual foram inicialmente o remédio; mas também que, mesmo se tivessem começado assim, esse poder, sendo por sua natureza ilegítimo, não pôde servir de fundamento aos direitos da sociedade, nem, por conseguinte, à desigualdade de instituição.

Sem entrar por ora nas pesquisas que estão ainda por fazer sobre a natureza do pacto fundamental de todo governo, limito-me, seguindo a opinião comum, a considerar aqui o estabelecimento do corpo político como um verdadeiro contrato entre o povo e os chefes que ele escolhe para si, contrato pelo qual as duas partes se obrigam à observância das leis nele estipuladas e que formam os laços de sua união. Tendo o povo, a respeito das relações sociais, reunido todas as suas vontades em uma só, todos os artigos nos quais essa vontade se explica tornam-se outras tantas leis fundamentais que obrigam todos os membros do Estado, sem exceção, e uma delas regula a escolha e o poder dos magistrados encarregados de zelar pela execução das outras. Esse poder estende-se a tudo o que pode manter a constituição, sem chegar a mudá-la. Juntam-se a ele honras que tornem respeitáveis as leis e seus ministros, e para estes, pessoalmente, prerrogativas que os compensem dos penosos trabalhos que uma boa administração exige. O magistrado, por sua vez, obriga-se a só usar o poder que lhe é confiado segundo a intenção dos constituintes, a manter cada um no gozo pacífico do que lhe pertence, e a preferir, em toda ocasião, a utilidade pública ao seu próprio interesse.

Antes que a experiência tivesse mostrado, ou que o conhecimento do coração humano fizesse prever os abusos inevitáveis de tal constituição, ela teve que parecer tão melhor, que aqueles que eram encarregados de zelar pela sua conservação eram eles mesmos os mais interessados nisso; pois a magistratura e seus direitos, estando estabelecidos apenas sobre as leis fundamentais, tão logo estas fossem destruídas, os magistrados deixariam de ser legítimos, o povo já não seria obrigado a obedecer-lhes, e, como não era o magistrado, mas a lei, que teria constituído a essência do Estado, cada um retornaria de direito à sua liberdade natural.

Por pouco que se reflita atentamente, isso se confirmaria por novas razões, e se veria, pela natureza do contrato, que ele não poderia ser irrevogável, pois se não houvesse um poder superior que pudesse ser fiador da fidelidade dos contratantes, ou forçá-los a cumprir seus compromissos recíprocos, as partes continuariam a ser apenas juízes em causa própria, e cada uma delas teria sempre o direito de renunciar ao contrato, tão logo achasse que a outra infringe suas condições ou que estas cessam de lhe convir. É sobre esse princípio que parece que o direito de abdicar pode ser fundado. Ora, considerando, como fazemos, apenas a instituição humana, se o magistrado, que tem todo o poder na mão e que se apropria de todas as vantagens do contrato, tivesse, no entanto, o direito de renunciar à autoridade, com mais forte razão o povo, que paga por todas as faltas dos chefes, deveria ter o direito de renunciar à dependência. Mas as dissensões terríveis e as desordens infinitas que esse perigoso poder necessariamente implicaria mostram, mais do que qualquer outra coisa, o quanto os governos humanos tinham necessidade de uma base mais sólida do que só a razão, e o quanto era necessário ao repouso público que a vontade divina interviesse para dar à autoridade soberana um caráter sagrado e inviolável, que tirasse dos súditos o funesto direito de dispor dela. Ainda que a religião só tivesse feito esse bem aos homens, seria o bastante para que todos devessem estimá-la e adotá-la, mesmo com seus abusos, porquanto ela poupa ainda mais sangue do que o fanatismo faz correr. Mas sigamos o fio de nossa hipótese.

As diversas formas dos governos têm sua origem nas diferenças, maiores ou menores, encontradas entre os indivíduos no momento da instituição. Um homem era eminente em poder, em virtude, em riquezas ou em crédito, ele foi o único eleito magistrado e o Estado tornou-se monárquico. Se vários, quase iguais entre si, prevaleciam sobre todos os outros, eles foram eleitos conjuntamente e conseguiram uma aristocracia. Aqueles cuja fortuna ou cujos talentos eram menos desproporcionais, e que se encontravam menos distanciados do estado de natureza, governaram em comum a administração suprema e formaram uma democracia. O tempo mostrou qual dessas formas era a mais vantajosa aos homens. Uns permaneceram submetidos unicamente às leis, outros logo obedeceram a senhores. Os cidadãos quiseram preservar sua liberdade; os súditos só pensaram em tirá-la dos seus vizinhos, não podendo aceitar que outros desfrutassem de um bem do qual eles mesmos já não desfrutavam. Em suma, de um lado foram as riquezas e as conquistas, e do outro a felicidade e a virtude.

Nesses diversos governos, todas as magistraturas foram inicialmente eletivas; e, quando a riqueza não importava, a preferência era acordada ao mérito dado por um ascendente natural e à idade que dá a experiência nos negócios e o sangue frio nas deliberações. Os anciãos dos hebreus, os Gerontes de Esparta, o Senado de Roma e a etimologia mesma da nossa palavra Senhor mostram o quanto outrora a velhice era respeitada. Quanto mais as eleições recaíam sobre homens avançados em idade, mais elas se tornavam frequentes e mais seus embaraços se faziam sentir; as intrigas se introduziram, as facções se formaram, os partidos azedaram, as guerras civis se acenderam e, enfim, o sangue dos cidadãos foi sacrificado pela pretensa felicidade do Estado, e se estava às vésperas de recair na anarquia dos tempos anteriores. A ambição dos principais se aproveitou dessas circunstâncias para perpetuar seus cargos em suas famílias. O povo, já acostumado à dependência, ao repouso e às comodidades da vida, e já incapaz de quebrar seus grilhões, consentiu em deixar aumentar sua servidão para assegurar sua tranquilidade. E foi assim que os chefes, tornados hereditários, acostumaram-se a ver sua magistratura como um bem de família, a verem-se a si mesmos como proprietários do Estado, do qual eram inicialmente apenas funcionários, a chamarem seus concidadãos de escravos e a contá-los, como gado, entre as coisas que lhes pertenciam, e a chamarem-se eles mesmos iguais aos deuses e reis dos reis.

Se seguirmos o progresso da desigualdade nessas diferentes revoluções, veremos que o estabelecimento da lei e do direito de propriedade foi seu primeiro termo, a instituição da magistratura o segundo, e que o terceiro e último foi a mudança do poder legítimo em poder arbitrário; de sorte que a condição de rico e de pobre foi autorizada pela primeira época, a de poderoso e de fraco pela segunda, e pela terceira aquela de senhor e de escravo, que é o último grau da desigualdade e o termo ao qual enfim chegam todas as outras, até que novas revoluções dissolvam totalmente o governo ou o reaproximem da instituição legítima.

Para compreender a necessidade desse progresso, é preciso considerar menos os motivos do estabelecimento do corpo político do que a forma que ele assume em sua execução e os inconvenientes que traz consigo. Pois os vícios que tornam necessárias as instituições sociais são os mesmos que tornam seu abuso inevitável; e como – com exceção somente de Esparta, onde a lei cuidava principalmente da educação das crianças, e onde Licurgo estabeleceu costumes que quase o dispensavam de acrescentar leis – as leis, em geral menos fortes do que as paixões, contêm os homens sem os modificar, seria fácil provar que todo governo que, sem se corromper nem se alterar, funcionasse sempre exatamente segundo o fim de sua instituiçao, teria sido instituído sem necessidade, e que um país onde ninguém desrespeitasse as leis e não abusasse da magistratura não teria necessidade nem de magistrados nem de leis.

As distinções políticas levam necessariamente às distinções civis. A desigualdade crescente entre o povo e seus chefes logo se faz sentir entre os indivíduos, e neles se modifica de mil maneiras segundo as paixões, os talentos e as ocorrências. O magistrado não poderia usurpar um poder ilegítimo sem fazer para si criaturas às quais é forçado a ceder uma parte dele. Aliás, os cidadãos só se deixam oprimir quando arrastados por uma cega ambição, e, olhando mais abaixo do que acima deles, a dominação se lhes torna mais cara do que a independência, e consentem em portar grilhões para poderem dá-los por sua vez. É muito difícil reduzir à obediência aquele que não busca comandar, e o político mais hábil não conseguiria sujeitar homens que quisessem apenas ser livres; mas a desigualdade se estende sem dificuldade entre almas ambiciosas e covardes, sempre prontas a correr os riscos da fortuna e a dominar ou servir quase indiferentemente, segundo ela se lhes torne favorável ou contrária. É assim que deve ter chegado um tempo em que os olhos do povo foram fascinados a tal ponto que seus condutores só tinham que dizer ao menor dos homens: “Sê grande, tu e toda a tua raça”, para que imediatamente este parecesse grande a todo o mundo, assim como a seus próprios olhos, e para que seus descendentes se elevassem ainda mais à medida que se afastavam dele. Quanto mais a causa era remota e incerta, mais o efeito aumentava; quanto mais se podia contar com ociosos em uma família, mais ela tornava-se ilustre.

Se fosse aqui o lugar de entrar em detalhes, eu explicaria facilmente como, sem que o governo sequer se imiscua, a desigualdade de crédito e de autoridade torna-se inevitável entre os indivíduos [nota 19] assim que, reunidos em uma mesma sociedade, são forçados a se comparar entre si e a levar em conta diferenças que eles encontram no uso contínuo que precisam fazer uns dos outros. Essas diferenças são de várias espécies; mas, em geral, sendo a riqueza, a nobreza ou a hierarquia, o poder e o mérito pessoal as distinções principais pelas quais as pessoas se medem na sociedade, eu provaria que o acordo ou o conflito dessas forças diversas é a indicação mais segura de um Estado bem ou mal constituído; eu mostraria que, entre essas quatro espécies de desigualdade, e estando as qualidades pessoais na origem de todas as outras, a riqueza é a última à qual se reduzem afinal, porque, sendo a mais imediatamente útil ao bem-estar e a mais fácil de comunicar, ela é usada facilmente para adquirir todo o resto. Essa observação permite julgar com bastante exatidão o quanto cada povo se afastou de sua instituição primitiva e o caminho que percorreu rumo ao termo extremo da corrupção. Eu notaria o quanto esse desejo universal de reputação, honrarias e preferências, que nos devora a todos, exerce e compara os talentos e as forças, o quanto excita e multiplica as paixões, e o quanto, tornando todos os homens concorrentes, rivais, ou antes inimigos, causa todos os dias revezes, sucessos e catástrofes de toda espécie ao fazer concorrer na mesma disputa tantos pretendentes. Eu mostraria que é a esse desejo ardente de fazer falar de si, a esse furor de distinguir-se que nos mantém quase sempre fora de nós mesmos, que devemos o que há de melhor e de pior entre os homens, nossas virtudes e nossos vícios, nossas ciências e nossos erros, nossos conquistadores e nossos filósofos, isto é, uma multidão de coisas más em troca de um pequeno número de coisas boas. Eu provaria enfim que, se vemos um punhado de poderosos e ricos no topo das grandezas e da fortuna, enquanto a multidão rasteja na obscuridade e na miséria, é porque os primeiros só estimam as coisas das quais usufruem tanto quanto os outros são privados delas, e porque, sem mudar de condição, deixariam de ser felizes se o povo deixasse de ser miserável.

Mas esses detalhes seriam por si sós o assunto de uma obra considerável na qual se pesariam as vantagens e os inconvenientes de todo governo, relativamente aos direitos do estado de natureza, e na qual se desvelariam todas as faces diferentes sob as quais a desigualdade se mostrou até o dia de hoje, e poderá se mostrar nos séculos futuros, segundo a natureza desses governos e as revoluções que o tempo necessariamente trará. Veríamos, dentro do país, a multidão oprimida em decorrência das precauções mesmas que ela havia tomado contra o que a ameaçava de fora; veríamos a opressão crescer continuamente sem que os oprimidos jamais pudessem saber que termo ela teria, nem quais meios legítimos lhes restariam para detê-la; veríamos os direitos dos cidadãos e as liberdades nacionais se extinguirem pouco a pouco, e as reclamações dos fracos tratadas como murmúrios sediciosos, veríamos a política restringir a uma porção mercenária do povo a honra de defender a causa comum; veríamos surgir a necessidade dos impostos, o cultivador desencorajado abandonar seu campo, mesmo durante a paz, e deixar a charrua para cingir a espada; veríamos nascerem as regras funestas e bizarras do ponto de honra; veríamos os defensores da pátria se tornarem, cedo ou tarde, seus inimigos, manterem sem cessar o punhal erguido contra seus concidadãos, e chegaria um tempo no qual os ouviríamos dizer ao opressor de seu país:

Pectore si fratris gladium juguloque parentis
Condere me jubeas, gravidaeque in viscera partu
Conjugis, invita peragam tamen omnia dextra.[7]

Da extrema desigualdade das condições e das fortunas, da diversidade das paixões e dos talentos, das artes inúteis, das artes perniciosas e das ciências frívolas surgiriam inúmeros preconceitos, igualmente contrários à razão, à felicidade e à virtude; veríamos ser fomentado pelos chefes tudo o que pode enfraquecer homens reunidos, desunindo-os, tudo o que pode dar à sociedade um ar de concórdia aparente e nela semear um germe de divisão real, tudo o que pode inspirar às diferentes ordens uma desconfiança e um ódio mútuo pela oposição de seus direitos e de seus interesses, e fortificar, por conseguinte, o poder que os contém a todos.

É do seio dessa desordem e dessas revoluções que o despotismo, elevando aos poucos sua cabeça medonha e devorando tudo o que avistasse de bom e de sadio em todas as partes do Estado, conseguiria enfim calcar sob os pés as leis e o povo, e se estabelecer sobre as ruínas da república. Os tempos que precederiam essa última mudança seriam tempos de distúrbios e calamidades; mas no fim, tudo seria engolido pelo monstro e os povos não teriam mais chefes nem leis, mas somente tiranos. Desde esse instante, também se deixaria de falar de costumes e de virtude, pois em toda parte onde reina o despotismo, *cui ex honesto nulla est*

---

7. "Se me ordenares enterrar minha espada no peito de meu irmão ou na garganta de meu pai, ou nas vísceras de minha esposa grávida, eu o farei, mesmo que minha destra não queira." Lucano, *Farsália*, I, 376. (N.T.)

spes,[8] não se aceita nenhum outro senhor; assim que ele fala, não há nem probidade nem dever a consultar, e a mais cega obediência é a única virtude que resta aos escravos.

Eis aí o último termo da desigualdade e o ponto extremo que fecha o círculo e toca o ponto de onde partimos: é aqui que todos os indivíduos voltam a ser iguais, porque não são nada; e que os súditos, não tendo outra lei senão a vontade do senhor, nem o senhor outra regra senão suas paixões, as noções do bem e os princípios da justiça se esvaecem de novo. É aqui que tudo se reduz à simples lei do mais forte, e, por conseguinte, a um novo estado de natureza diferente daquele pelo qual começamos, no sentido de que um era o estado de natureza em sua pureza, enquanto este último é o fruto de um excesso de corrupção. Aliás, há tão pouca diferença entre esses dois estados, e o contrato de governo é de tal maneira dissolvido pelo despotismo, que o déspota só é senhor enquanto é o mais forte, e assim que se o possa expulsar, ele nada tem a reclamar contra a violência. O motim que finda por estrangular ou destronar um sultão é um ato tão jurídico quanto aqueles pelos quais ele dispunha, na véspera, das vida e dos bens de seus súditos. Somente a força o mantinha, somente a força o derruba. Todas as coisas se passam assim segundo a ordem natural, e, qualquer que possa ser o resultado dessas curtas e frequentes revoluções, ninguém pode se queixar da injustiça de

8. "Para quem é honesto não há esperança." Provavelmente uma variação de *cui compositis rebus nulla spes*. Tácito. *Histórias*, I, 21. (N.T.)

outrem, mas somente de sua própria imprudência ou de seu infortúnio.

Descobrindo e seguindo assim os caminhos esquecidos e perdidos que do estado natural haveriam de levar o homem ao estado civil, restabelecendo, com as posições intermediárias que acabo de assinalar, as que o tempo que me preme me fez suprimir, ou que a imaginação não me sugeriu, todo leitor atento há de ficar impressionado com o espaço imenso que separa esses dois estados. É nessa lenta sucessão das coisas que ele verá a solução de uma infinidade de problemas de moral e de política que os filósofos não podem resolver. Ele sentirá que, não sendo o gênero humano de uma época o gênero humano de outra época, a razão pela qual Diógenes não encontrava homem algum é que ele buscava entre seus contemporâneos o homem de um tempo que já não existia. Catão, ele dirá, pereceu com Roma e a liberdade porque esteve deslocado em seu século, e o maior dos homens não fez senão surpreender o mundo que ele teria governado quinhentos anos antes. Em suma, ele explicará como a alma e as paixões humanas, alterando-se imperceptivelmente, mudam, por assim dizer, de natureza; por que nossas necessidades e nossos prazeres mudam de objeto com o passar do tempo; por que, com o esvaescimento gradual do homem original, a sociedade, aos olhos do sábio, já não oferece senão uma reunião de homens artificiais e de paixões falsas que são obra de todas essas novas relações e não têm nenhum verdadeiro fundamento na natureza. O que a reflexão nos ensina sobre isso, a observação o confirma perfeitamente: o homem selvagem e o homem civilizado diferem de tal maneira pelo fundo do coração e das inclinações, que o que faz a felicidade suprema de um reduziria o outro ao desespero. O primeiro aspira somente ao repouso e à liberdade, só quer viver e permanecer ocioso, e nem mesmo a ataraxia do estoico se aproxima de sua profunda indiferença por qualquer outro objeto. Ao contrário, o cidadão, sempre ativo, sua, se agita e se atormenta sem cessar para buscar ocupações ainda mais laboriosas: trabalha até a morte, até mesmo corre em direção a ela para ter condições de viver, ou renuncia à vida para adquirir a imortalidade. Faz a corte aos grandes que odeia e os ricos que despreza, não poupa nada para obter a honra de os servir; gaba-se orgulhosamente de sua baixeza e da sua proteção, e, orgulhoso de sua escravidão, fala com desdém dos que não têm a honra de partilhá-la. Que espetáculo, para um caraíba, os trabalhos penosos e invejados de um ministro europeu! Quantas mortes cruéis não preferiria esse indolente selvagem ao horror de uma vida assim, que frequentemente não é sequer suavizada pelo prazer de agir bem! Mas, para ver o objetivo de tantos cuidados, seria preciso que as palavras *poder* e *reputação* tivessem um sentido no seu espírito, que aprendesse que há uma espécie de homens que valorizam os olhares do resto do universo, que sabem ser felizes e contentes consigo mesmos mais pelo testemunho de outrem do que pelo seu próprio. Tal é, com efeito, a verdadeira causa de todas essas diferenças: o selvagem vive em si mesmo, ao passo que o homem sociável, sempre fora de si, só sabe viver na opinião dos outros, e é, por assim dizer, exclusivamente do seu julgamento que ele tira o sentimento de sua própria existência. Não faz parte do meu tema mostrar de que maneira, de uma tal disposição, nasce tanta indiferença pelo bem e pelo mal, com tão belos discursos de moral; de que maneira, tudo reduzindo-se às aparências, tudo se torna fingido e encenado: honra, amizade, virtude e frequentemente até mesmo os vícios, nos quais se descobre enfim o segredo de se glorificar; de que maneira, em suma, perguntando sempre aos outros o que somos e nunca ousando nos interrogar a nós mesmos acerca disso, em meio a tanta filosofia, humanidade, polidez e máximas sublimes, não temos senão um exterior enganador e frívolo, honra sem virtude, razão sem sabedoria, prazer sem felicidade. Basta-me ter provado que não é esse o estado original do homem, e que é somente o espírito da sociedade e da desigualdade que ela engendra, que modificam e alteram assim todas as nossas inclinações naturais.

Tentei expor a origem e o progresso da desigualdade, o estabelecimento e o abuso das sociedades políticas, tanto quanto essas coisas podem ser deduzidas da natureza do homem exclusivamente pelas luzes da razão e independentemente dos dogmas sagrados que dão à autoridade soberana a sanção do direito divino. Segue-se dessa exposição que a desigualdade, sendo quase nula no estado de natureza, tira sua força e seu crescimento do desenvolvimento de nossas faculdades e dos progressos do espírito humano, e enfim torna-se estável e legítima pelo estabelecimento da propriedade e das leis. Segue-se ainda que a desigualdade moral, autorizada apenas pelo direito positivo, é contrária ao direito natural todas as vezes em que não concorre, na mesma proporção, com a desigualdade física; distinção que determina suficientemente o que se deve pensar, a esse respeito, sobre a espécie de desigualdade que reina entre todos os povos civilizados, pois que é manifestamente contra a lei da natureza, de qualquer maneira que se a defina, que uma criança comande um velho, que um imbecil conduza um homem sábio e que um punhado de gente transborde de superfluidades enquanto a multidão faminta carece do necessário.

Notas inseridas no texto por Rousseau após a redação do discurso

DEDICATÓRIA, página 8

(Nota 1) Heródoto conta que, após o assassinato do falso Smerdis, estando os sete libertadores da Pérsia reunidos para deliberar sobre a forma de governo que dariam ao Estado, Otanes aquiesceu enfaticamente a república: anúncio ainda mais extraordinário na boca de um sátrapa, porque além da pretensão que poderia ter ao império, os grandes temem mais do que a morte uma espécie de governo que os force a respeitar os homens. Otanes, como se pode imaginar, não foi escutado, e vendo que se iria proceder à eleição de um monarca, ele, que não queria nem obedecer nem comandar, cedeu voluntariamente aos outros concorrentes o seu direito à coroa, pedindo, como única indenização, que ele e sua posteridade fossem livres e independentes, o que lhe foi concedido. Ainda que Heródoto não nos ensinasse sobre a restrição que foi imposta a esse privilégio, seria preciso necessariamente supô-la; de outro modo, Otanes, não reconhecendo nenhuma espécie de lei e não tendo contas a prestar a ninguém, teria sido todo-poderoso no Estado, e mais poderoso do que o próprio rei. Mas era muito pouco plausível que um homem capaz de contentar-se, em semelhante caso, com tal privilégio fosse capaz de abusar dele. Com efeito, não se vê que esse direito tenha alguma vez causado a menor perturbação no reino, nem pelo sábio Otanes, nem por algum de seus descendentes.

PREFÁCIO, página 21

(Nota 2) Desde o meu primeiro passo, apoio-me com confiança sobre uma dessas autoridades respeitáveis para os filósofos, porque vêm de uma razão sólida e sublime, que só eles sabem encontrar e sentir.

"Por mais interesse que tenhamos em nos conhecer a nós mesmos, não sei se não conhecemos melhor tudo aquilo que não somos nós. Providos pela natureza de órgãos unicamente destinados à nossa conservação, só os empregamos para receber as impressões exteriores, só buscamos nos voltar para fora e existir fora de nós: demasiado ocupados em multiplicar as funções de nossos sentidos e em aumentar a extensão exterior de nosso ser, raramente fazemos uso desse sentido interior que nos reduz a nossas verdadeiras dimensões e que separa de nós tudo o que não é. É, no entanto, desse sentido que precisamos nos servir se quisermos nos conhecer; é o único pelo qual podemos nos julgar. Mas como dar a esse sentido sua atividade e toda sua extensão? Como livrar nossa alma, na qual ele reside, de todas as ilusões do nosso espírito? Perdemos o hábito de empregá-la, ela permaneceu sem exercício no meio do tumulto de nossas sensações corporais, ela dessecou pelo fogo de nossas paixões; o coração, o espírito, os sentidos, tudo trabalhou contra ela." (Buffon, *Hist. Nat.*, t. 4, p. 151, Da natureza do homem.)

DISCURSO, página 31

(Nota 3) As mudanças que um longo hábito de andar sobre dois pés pôde produzir na conformação do homem, as relações que ainda se observam entre seus braços e as pernas anteriores dos quadrúpedes, e a indução feita a partir de sua maneira de andar puderam fazer nascer dúvidas sobre aquela que nos devia ser a mais natural. Todas as crianças começam por andar de quatro e têm necessidade de nosso exemplo e de nossas lições para aprenderem a se manter de pé. Há mesmo nações selvagens, tais como os hotentotes, que, negligenciando muito as crianças, as deixam andar sobre as mãos por tanto tempo que têm então muita dificuldade de corrigi-las; o mesmo o fazem as crianças dos caraíbas das Antilhas. Há diversos exemplos de homens quadrúpedes, e eu poderia, entre outros, citar o da criança que foi encontrada em 1344, perto de Hesse, onde havia sido alimentada por lobos, e que depois disse, na corte do príncipe Henrique, que, se dependesse só dela, teria preferido voltar a viver com eles a viver entre os homens. Essa criança havia de tal maneira adquirido o hábito de andar como esses animais que foi preciso lhe atar pedaços de madeira que a forçavam a manter-se levantada e em equilíbrio sobre os dois pés. Aconteceu o mesmo a uma criança que encontraram em 1694, nas florestas da Lituânia, e que vivia entre os ursos. Ela não apresentava, diz o sr. de Condillac, nenhuma marca de razão, andava sobre os pés e as mãos, não tinha nenhuma linguagem e formava sons que em nada se assemelhavam aos de um homem. O pequeno selvagem de Hanôver, que levaram há alguns anos à corte da Inglaterra, tinha todas as dificuldade do mundo de sujeitar-se a andar sobre dois pés, e foram encontrados, em 1719, dois outros selvagens, nos Pirineus, que corriam pelas montanhas à maneira dos quadrúpedes. Quanto ao que se poderia objetar, que se trata de privar-se do uso das mãos, das quais tiramos tantas vantagens, além de que o exemplo dos macacos mostra que a mão pode muito bem ser empregada das duas maneiras, isso provaria somente que o homem pode dar a seus membros uma destinação mais cômoda do que aquela da natureza, e não que a natureza destinou o homem a andar de uma maneira diferente da que lhe ensina.

Mas há, parece-me, muito melhores razões a oferecer para sustentar que o homem é um bípede. Primeiramente, se mostrássemos que ele pôde inicialmente ser conformado de maneira diferente da que vemos, e, no entanto, tornar-se enfim o que é, não seria o bastante para concluir que se tenha feito assim; pois depois de ter mostrado a possibilidade dessas mudanças, seria preciso ainda, antes de admiti-las, mostrar pelo menos sua verossimilhança. Além disso, se os braços do homem parecem ter podido lhe servir de pernas, quando necessário, trata-se da única observação favorável a esse sistema, em um grande número de outras que lhe são contrárias. As principais são: a maneira como a cabeça do homem está ligada ao corpo, em vez de dirigir sua visão horizontalmente, como a tem todos os outros animais, e como ele mesmo a tem ao andar de pé, lhe teria mantido, ao andar de quatro, os olhos diretamente fixados no chão, situação muito pouco favorável à conservação do indivíduo; a cauda que lhe falta, e da qual ele não tem o que fazer ao andar sobre dois pés, é útil aos quadrúpedes, e nenhum deles está privado dela; o seio da mulher, muito bem situado para um bípede que segura o filho nos braços, não o é para um quadrúpede, que nunca o tem colocado dessa maneira; o traseiro, sendo de uma altura excessiva em relação às pernas da frente, faz com que, ao andarmos de quatro, nos arrastemos sobre os joelhos, produzindo um animal mal proporcionado e que anda pouco comodamente; se o homem espalmasse o pé assim como a mão, ele teria tido na perna posterior uma articulação a menos do que os outros animais, a saber, a que une a fíbula à tíbia; e apoiando apenas a ponta do pé, como ele teria, sem dúvida, sido obrigado a fazer, o tarso, sem falar da pluralidade dos ossos que o compõem, parece demasiado grande para tomar o lugar da fíbula, e suas articulações com o metatarso e a tíbia estariam próximas demais para dar à perna humana, nesta situação, a mesma flexibilidade que a dos quadrúpedes. O exemplo das crianças, sendo tomado em uma idade em que as forças naturais não estão ainda desenvolvidas, nem os membros fortalecidos, não conclui absolutamente nada, e equivaleria a dizer que os cães não estão destinados a andar porque eles apenas rastejam algumas semanas após o nascimento. Os fatos particulares têm ainda pouca força contra a prática universal de todos os homens, mesmo das nações que, não tendo nenhuma comunicação com as outras, nada puderam imitar delas. Uma criança abandonada em uma floresta antes de poder andar, e criada por algum animal, terá seguido o exemplo de sua ama, exercitando-se em andar como ela; o hábito pode lhe ter conferido facilidades que ela não teria por natureza; e como os manetas conseguem, à força de exercício, fazer com os pés tudo o que fazemos com as mãos, ela conseguirá enfim empregar as mãos para o uso como pés.

Pág. 36

(Nota 4) Se encontrar-se entre meus leitores algum físico mau o bastante para me criar dificuldades sobre a suposição dessa fertilidade natural da terra, eu vou lhe responder com a seguinte passagem:
"Como os vegetais tiram para sua nutrição muito mais substância do ar e da água do que a tiram da terra, acontece que, ao apodrecerem, eles devolvem à terra mais do que tiraram dela; aliás, uma floresta determina as águas da chuva ao deter seus vapores. Assim, em um bosque que se conservasse por muito tempo sem tocá-lo, a camada de terra que serve à vegetação aumentaria consideravelmente; mas os animais, restituindo menos à terra do que dela tiram, e os homens fazendo consumos enormes de madeira e plantas para o fogo e para outros usos, segue-se que a camada de terra vegetal de um país habitado deve sempre diminuir e tornar-se enfim como o solo da Arábia Petreia, e como aquele de tantas outras províncias do Oriente, que é, com efeito, o clima habitado há mais tempo, e onde só se encontra sal e areias; pois o sal fixo das plantas e dos animais permanece, enquanto todas as outras partes se volatilizam." (M. de Buffon, *Hist. Nat.*)
Pode-se acrescentar a isso a prova de fato pela quantidade de árvores e de plantas de toda espécie, de que estavam repletas quase todas as ilhas desertas que haviam sido descobertas nesses últimos séculos, e porque a história nos ensina que foi preciso derrubar florestas imensas por toda a terra à medida que ela foi povoada ou civilizada. Sobre o que eu faria ainda as três observações seguintes.
Uma é que, se há uma espécie de vegetais que pos-

sam compensar a perda de matéria vegetal causada pelos animais, segundo o raciocínio do sr. Buffon, são sobretudo os bosques, cujas copas e folhas reúnem e se apropriam de mais águas e vapores do que as outras plantas. A segunda é que a destruição do solo, isto é, a perda da substância própria à vegetação, deve se acelerar à proporção que a terra é mais cultivada e que os habitantes mais industriosos consomem em maior abundância suas produções de toda espécie. Minha terceira e mais importante observação é que os frutos das árvores fornecem ao animal um alimento mais abundante do que o podem fazer os outros vegetais, experiência que eu mesmo fiz ao comparar os produtos de dois terrenos iguais em tamanho e em qualidade, um coberto de castanheiros e o outro semeado de trigo.

Pág. 36

(Nota 5) Dentre os quadrúpedes, as duas distinções mais universais das espécies vorazes se inferem, uma da figura dos dentes, e a outra da conformação dos intestinos. Os animais que vivem apenas de vegetais têm os dentes planos, como o cavalo, o boi, o carneiro e a lebre, mas os vorazes os têm pontiagudos, como o gato, o cão, o lobo e a raposa. E quanto aos intestinos, os frugívoros têm algumas partes, tais como o cólon, que não se encontram nos animais vorazes. Parece, portanto, que o homem, tendo os dentes e os intestinos como os têm os animais frugívoros, deveria naturalmente ser incluído nessa classe, e não somente as observações anatômicas confirmam essa opinião, mas os monumentos da antiguidade também lhe são muito favoráveis. "Dicearco", diz são Jerônimo, "relata em seus livros da antiguidade grega que, sob o reinado de Saturno, quando a terra era ainda fértil por si mesma, nenhum homem comia carne, mas todos viviam dos frutos e dos legumes que cresciam naturalmente" (Liv. 2, *adv. Jovinian*). Essa opinião se pode ainda apoiar sobre as relações de vários viajantes modernos; François Corréal, entre outros, testemunha que a maioria dos habitantes das Lucayas que os espanhóis transportaram às ilhas de Cuba, Santo Domingo e alhures, morreram por terem comido carne. Pode-se ver por aí que negligencio muitas vantagens que poderia fazer valer. Pois a presa sendo quase a única razão de combate entre os animais carnívoros, e os frugívoros vivendo entre si em uma paz contínua, se a espécie humana fosse desse último gênero, é claro que ela teria tido muito mais facilidade de subsistir no estado de natureza, e muito menos necessidade e ocasiões de sair dele.

Pág. 37

(Nota 6) Todos os conhecimentos que demandam reflexão, todos aqueles que só se adquirem pelo encadeamento das ideias e só se aperfeiçoam sucessivamente, parecem estar totalmente fora do alcance do homem selvagem, por falta de comunicação com seus semelhantes, isto é, por falta do instrumento que serve a essa comunicação e daquilo que a torna necessária. Seu saber e sua indústria se limitam a saltar, correr, lutar, lançar uma pedra, escalar uma árvore. Mas se ele só sabe essas coisas, em compensação ele as faz muito melhor do que nós, que delas não temos a mesma necessidade que ele; e como elas dependem unicamente do exercício do corpo e não são suscetíveis de nenhuma comunicação, nem de nenhum progresso de um indivíduo a outro, o primeiro homem pôde ser tão hábil nelas quanto seus últimos descendentes.

Os relatos dos viajantes estão repletos de exemplos da força e do vigor dos homens nas nações bárbaras e selvagens, e não enaltecem menos sua destreza e sua ligeireza. Como bastam olhos para observar essas coisas, nada impede que atestemos o que certificam testemunhas oculares. Retiro ao acaso alguns exemplos dos livros que se encontram mais à mão.

"Os hotentotes", diz Kolben, "entendem melhor de pesca do que os europeus do Cabo. Sua habilidade é igual na rede, no anzol e no dardo, tanto nas enseadas como nos rios. Eles não pegam menos habilmente o peixe com a mão. Eles são de uma destreza incomparável no nado. Sua maneira de nadar tem algo de surpreendente, e que lhes é inteiramente próprio. Nadam com o corpo ereto e as mãos estendidas fora d'água, de sorte que parecem andar no chão. Na maior agitação do mar e quando as ondas formam tantas montanhas, eles como que dançam sobre o dorso das vagas, subindo e descendo como um pedaço de cortiça."

"Os hotentotes", diz ainda o mesmo autor, "são de uma destreza surpreendente na caça, e a ligeireza de sua corrida ultrapassa a imaginação." Ele se espanta que não façam mais frequentemente um mau uso de sua agilidade, o que, entretanto, lhes acontece algumas vezes, como se pode julgar pelo exemplo que ele dá. "Um marinheiro holandês, ao desembarcar no Cabo, encarregou", diz ele, "um hotentote de acompanhá-lo à cidade com um rolo de tabaco de aproximadamente vinte libras [cerca de dez quilos]. Quando estavam ambos a alguma distância do grupo, o hotentote perguntou ao marinheiro se ele sabia correr. 'Correr?!', responde o holandês, 'sim, muito bem.' 'Vejamos', retomou o africano; e, fugindo com o tabaco, desapareceu quase imediatamente. O marinheiro, desconcertado com essa maravilhosa velocidade, nem pensou em persegui-lo, e nunca mais voltou a ver seu tabaco nem seu carregador."

"Eles têm a vista tão rápida e as mãos tão certeiras que os europeus não se aproximam deles. A cem passos, atingirão com uma pedra uma marca do tamanho de um meio-sol [moeda], e o mais surpreendente é que, em vez de fixarem, como nós, os olhos no alvo, eles fazem movimentos e contorções contínuas. É como se a sua pedra fosse levada por uma mão invisível."

O Pe. du Tertre diz, a respeito dos selvagens das Antilhas, mais ou menos as mesmas coisas que acabamos de ler sobre os hotentotes do Cabo da Boa Esperança. Ele elogia sobretudo sua precisão em atingir com suas flechas as aves no voo, e os peixes no nado, que eles apanham em seguida, mergulhando. Os selvagens da América setentrional não são menos célebres por sua força e por sua destreza; e eis um exemplo que permitirá avaliar a força e a destreza dos índios da América meridional.

No ano de 1746, um índio de Buenos Aires, tendo sido condenado às galeras em Cádiz, propôs ao governador resgatar sua liberdade expondo sua vida em uma festa pública. Prometeu que atacaria sozinho o mais furioso touro, sem outra arma na mão além de uma corda, que o derrubaria, que o amarraria com a corda pela parte que indicassem; que o selaria, o refrearia, o montaria, e combateria, assim montado, dois outros touros dos mais furiosos que fizessem sair do touril, e que os mataria todos um após o outro no instante em que lhe ordenassem, e sem o auxílio de ninguém, o que lhe foi concedido. O índio cumpriu a palavra e foi bem-sucedido em tudo o que havia prometido; sobre a maneira como agiu e sobre todos os detalhes do combate, pode-se consultar o primeiro Tomo in-12 das *Observations sur l'histoire naturelle*, do sr. Gautier, do qual é extraído esse fato, página 262.

Pág. 39

(Nota 7) "A duração da vida dos cavalos", diz o sr. de Buffon, "é, como em todas as outras espécies de animais, proporcional à duração do tempo de seu crescimento. O homem, que leva catorze anos para crescer, pode viver seis ou sete vezes esse tempo, isto é, noventa ou cem anos. O cavalo, cujo crescimento se faz em quatro anos, pode viver seis ou sete vezes mais, isto é, vinte e cinco ou trinta anos. Os exemplos que poderiam ser contrários a essa regra são tão raros que não se deve nem mesmo considerá-los como uma exceção da qual se possa tirar consequências; e como os cavalos selvagens crescem em menos tempo do que os cavalos de raça, também vivem menos tempo e estão velhos aos quinze anos."

Pág. 39

(Nota 8) Acredito ver entre os animais carnívoros e os frugívoros uma outra diferença ainda mais geral do que aquela que assinalei na nota (5), porquanto esta se estende às aves. Essa diferença consiste no número de filhotes, que nunca excede dois a cada ninhada para as espécies que vivem apenas de vegetais, e que geralmente vai além desse número para os animais vorazes. A esse respeito, é fácil conhecer a destinação da natureza pelo número de mamas, que são somente duas em cada fêmea da primeira espécie, como a égua, a vaca, a cabra, a corça, a ovelha, e sempre de seis a oito nas outras fêmeas, como a cadela, a gata, a loba, a tigresa etc. A galinha, a gansa e a pata, que são aves vorazes, assim como a águia, o gavião e a coruja, também põem e chocam um grande número de ovos, o que nunca acontece com a pomba e a rola, nem com os pássaros, que comem exclusivamente grãos, os quais raramente põem e chocam mais de dois ovos por vez. A razão dessa diferença é que os animais que vivem somente de ervas e plantas, permanecendo quase o dia todo no pasto e sendo forçados a empregar muito tempo para se alimentar, não poderiam bastar para aleitar vários filhotes, ao passo que os vorazes, fazendo sua refeição quase em um instante, podem mais facilmente e mais frequentemente retornar a seus filhotes e a sua caça, e reparar a dissipação de uma tão grande quantidade de leite. Haveria acerca de tudo isso muitas observações particulares e reflexões a fazer, mas aqui não é o lugar apropriado, e basta-me ter mostrado, nesse sistema parcial, o sistema mais geral da natureza, que fornece uma nova razão para tirar o homem da classe dos animais carnívoros e incluí-lo entre as espécies frugívoras.

Pág. 45

(Nota 9) Um autor célebre, calculando os bens e os males da vida humana e comparando as duas somas, viu que a última ultrapassava em muito a outra, e que, afinal de contas, a vida era para o homem um presente bem ruim. Não estou nem um pouco surpreso com sua conclusão: ele tirou todos os seus raciocínios da constituição do homem civil: se tivesse recuado até o homem natural, pode-se julgar que teria encontrado resultados muito diferentes, teria percebido que o homem só tem os males que deu a si mesmo e que a natureza estaria justificada. Não foi sem esforço que conseguimos nos tornar tão infelizes. Quando consideramos, de um lado, os imensos trabalhos dos homens – tantas ciências aprofundadas, tantas artes inventadas, tantas forças empregadas, abismos preenchidos, montanhas aplanadas, rochedos partidos, rios tornados navegáveis, terras desmatadas, lagos cavados, pântanos dessecados, edifícios enormes erguidos sobre a terra, o mar coberto de navios e marinheiros – e quando, de outro lado, buscamos, com um pouco de meditação, as verdadeiras vantagens que têm resultado de tudo isso para a felicidade da espécie humana, só podemos ficar impressionados com a espantosa desproporção que reina entre essas coisas, e deplorar a cegueira do homem, que, para alimentar seu orgulho louco e não sei qual vã admiração de si mesmo, o faz correr com ardor atrás de todas as misérias de que é suscetível, e que a benfazeja natureza tivera o cuidado de afastar dele.

Os homens são maus: uma triste e contínua experiência dispensa a prova; no entanto, o homem é naturalmente bom, creio tê-lo demonstrado. O que pôde então tê-lo depravado a esse ponto, senão as mudanças sobrevindas em sua constituição, os progressos que ele fez e os conhecimentos que adquiriu? Por mais que se admire tanto quanto se queira a sociedade humana, não será menos verdadeiro que ela leva necessariamente os homens a odiarem-se entre si à proporção que seus interesses se cruzam, a prestarem-se mutuamente serviços aparentes e a fazerem-se, com efeito, todos os males imagináveis. O que se pode pensar de um comércio no qual a razão de cada particular lhe dita máximas diretamente contrárias àquelas que a razão pública prega ao corpo da sociedade e no qual cada um aufere vantagem da infelicidade de outrem? Talvez não haja um homem abastado a quem herdeiros ávidos e amiúde seus próprios filhos não desejem a morte em segredo; um navio no mar cujo naufrágio não seja uma boa notícia para algum negociante; uma casa que um devedor de má-fé não queira ver queimar com todos os papéis que ela contém; um povo que não se alegre com os desastres de seus vizinhos. É assim que encontramos nossa vantagem no prejuízo de nossos semelhantes, e que a perda de um faz quase sempre a prosperidade do outro; mas o que há de mais perigoso ainda é que as calamidades públicas constituem a expectativa e a esperança de uma multidão de indivíduos. Uns querem as doenças, outros a mortalidade, outros a guerra, outros a fome; vi homens horríveis chorarem de dor às aparências de um ano fértil, e o grande e funesto incêndio de Londres, que custou a vida ou os bens a tantos infelizes, fez talvez a fortuna de mais de dez mil pessoas. Sei que Montaigne censura o ateniense Demades por ter mandado punir um operário que, vendendo demasiadamente caro seus ataúdes, ganhava muito com a morte dos cidadãos, mas é evidente que a razão que Montaigne alega, qual seja a de que seria preciso punir todo o mundo, confirma as minhas. Penetremos, pois, através de nossas frívolas demonstrações de benevolência, o que se passa no fundo dos corações e reflitamos sobre o que deve ser um estado de coisas no qual todos os homens são forçados a se acariciar e a se destruir mutuamente, e no qual eles nascem inimigos por dever e hipócritas por interesse. Se me responderem que a sociedade é de tal maneira constituída que cada homem ganha em servir os outros, replicarei que isso seria muito bem se ele não ganhasse ainda mais em prejudicá-los. Não há lucro tão legítimo que não seja ultrapassado pelo que se pode obter ilegitimamente, e o dano feito ao próximo é sempre mais lucrativo do que os serviços. Trata-se apenas, portanto, de encontrar os meios de assegurar a impunidade, e é nisso que os poderosos empregam todas as suas forças, e os fracos todas as suas artimanhas.

O homem selvagem, quando jantou, está em paz com toda a natureza e é amigo de todos os seus semelhantes. Ocorre-lhe às vezes disputar sua refeição? Ele nunca chega às vias de fato sem ter antes comparado a dificuldade de vencer com a de encontrar algures sua subsistência; e, como o orgulho não se imiscui no combate, ele termina com alguns socos; o vencedor come, o vencido tenta a sorte em outro lugar e tudo está pacificado. Mas entre os homens em sociedade as coisas são bem diferentes; trata-se primeiramente de prover o necessário, e depois o supérfluo, em seguida vêm as delícias, e depois as imensas riquezas, e depois os súditos, e depois os escravos; ele não tem um momento de descanso; o mais singular é que, quanto menos as necessidades são naturais e prementes, mais as paixões aumentam, e, o que é pior, o poder de as satisfazer; de sorte que, após longas prosperidades, após ter engolido muitos tesouros e afligido muitos homens, meu herói acabará por degolar tudo, até o que seja o único senhor do universo. Tal é, abreviadamente, o quadro moral, senão da vida humana, pelo menos das pretensões secretas do coração de todo homem civilizado.

Comparem, sem preconceito, o estado do homem civil com o do homem selvagem e procurem saber, se o puderem, quantas novas portas o primeiro, além de sua maldade, suas necessidades e suas misérias, abriu para a dor e a morte. Se considerarem os sofrimentos mentais que nos consomem, as paixões violentas que nos esgotam e nos desolam, os trabalhos excessivos de que os pobres são sobrecarregados, a indolência ainda mais perigosa à qual os ricos se abandonam, e que fazem uns morrerem por suas necessidades e os outros por seu excesso; se pensarem nas monstruosas misturas de alimentos, nos seus perniciosos condimentos, na comida estragada, nas drogas falsificadas, nas trapaças dos que as vendem, nos erros dos que as administram, no veneno das vasilhas em que são preparadas; se prestarem atenção nas doenças epidêmicas engendradas pelo ar insalubre das multidões de homens reunidos, nas ocasionadas pela fragilidade de nossa maneira de viver, as passagens alternadas do interior de nossas casas para o ar livre, o uso de roupas vestidas e tiradas com muito pouca precaução, e todos os cuidados que nossa sensualidade excessiva transformou em hábitos necessários, e cuja negligência ou privação nos custa então a vida ou a saúde; se levarem em conta os incêndios e os tremores de terra que, consumindo ou derrubando cidades inteiras, fazem perecer seus habitantes aos milhares; em suma, se reunirem os perigos que todas essas causas reúnem continuamente sobre nossas cabeças, sentirão o quanto a natureza nos faz pagar caro pelo desprezo que tivemos por suas lições.

Não repetirei aqui sobre a guerra o que disse alhures, mas gostaria que as pessoas instruídas quisessem ou ousassem oferecer alguma vez ao público os detalhes dos horrores que se cometem nas forças armadas pelos empresários de víveres e de hospitais; veríamos que suas manobras, não demasiado secretas, pelas quais as mais brilhantes forças armadas se fundem em menos do que nada, fazem mais perecer soldados do que os ceifam o ferro inimigo; é ainda um cálculo não menos espantoso do que aqueles dos homens que o mar engole todos os anos, seja pela fome, seja pelo escorbuto, seja pelos piratas, seja pelo fogo, seja pelos naufrágios. É claro que se deve também pôr na conta da propriedade estabelecida, e, por conseguinte, da sociedade, os assassinatos, os envenenamentos, os assaltos nas estradas e as punições mesmas desses crimes, punições necessárias para prevenir maiores males, mas que, pelo homicídio de um homem, custando a vida de dois ou mais, não deixam de duplicar realmente a perda da espécie humana. Quantos meios vergonhosos de impedir o nascimento dos homens e de enganar a natureza! Seja pelos gostos brutais e depravados que insultam a sua mais encantadora obra, gostos que nem os selvagens nem os animais nunca conheceram, e que só nasceram nos países civilizados de uma imaginação corrompida; seja por esses abortos secretos, dignos frutos da devassidão e da honra viciosa; seja pelo abandono ou o homicídio de uma multidão de crianças, vítimas da miséria de seus pais ou da vergonha bárbara de suas mães; seja, enfim, pela mutilação desses infelizes dos quais uma parte de sua existência e toda a sua posteridade são sacrificadas a vãs canções ou, o que é pior ainda, ao brutal ciúme de alguns homens: mutilação que, nesse último caso, ultraja duplamente a natureza, tanto pelo tratamento que recebem os que a sofrem quanto pelo uso ao qual são destinados!

Mas não há milhares de casos mais frequentes e mais perigosos ainda, nos quais os direitos paternos ofendem abertamente a humanidade? Quantos talentos enterrados e inclinações forçadas pela imprudente coerção dos pais! Quantos homens teriam se distinguido em um estado conveniente, que morrem infelizes e desonrados em um outro estado pelo qual não tinham nenhum gosto! Quantos casamentos felizes, mas desiguais, foram rompidos ou perturbados, e quantas castas esposas desonradas por essa ordem de condições sempre em contradição com a da natureza! Quantas outras uniões bizarras, formadas pelo interesse e renegadas pelo amor e pela razão! Quantos mesmo esposos honestos e virtuosos se supliciam mutuamente por terem sido mal acompanhados! Quantas jovens e infortunadas vítimas da avareza de seus pais mergulham no vício ou passam seus tristes dias nas lágrimas, e gemem nos liames indissolúveis que o coração repele e que o ouro somente formou! Felizes às vezes aquelas que a coragem e a virtude mesma arrancam da vida, antes que uma violência bárbara as force a passá-la no crime ou no desespero. Perdoem-me, pai e mãe para sempre deploráveis: eu amargo, com pesar, suas dores; mas possam elas servir de exemplo eterno a qualquer um que ouse, em nome mesmo da natureza, violar o mais sagrado de seus direitos!

Se falei apenas desses nós malformados que são obra de nossa civilização, deve-se pensar que aqueles nos quais o amor e a simpatia presidiram sejam, eles mesmos, isentos de inconvenientes? O que aconteceria se eu resolvesse mostrar a espécie humana atacada em sua fonte mesma, e até no mais santo de todos os vínculos, no qual não se ousa mais escutar a natureza senão após ter consultado a fortuna, e no qual, tendo a desordem civil confundindo as virtudes e os vícios, a continência se torna uma precaução criminosa, e a recusa de dar a vida a seu semelhante um ato de humanidade? Mas, sem rasgar o véu que cobre tantos horrores, contentemo-nos em indicar o mal para o qual outros devem trazer o remédio.

Se juntarmos a tudo isso a quantidade de ofícios insalubres que abreviam os dias ou destroem o temperamento, tais como os trabalhos nas minas, as diversas preparações dos metais, dos minerais, sobretudo do chumbo, do cobre, do mercúrio, do cobalto, do arsênio, do realgar; os outros ofícios perigosos que custam todos os dias a vida de tantos operários, como telhadores, carpinteiros, construtores, ou os que trabalham em pedreiras; digo que se reunirmos todos essas coisas, poderemos ver no estabelecimento e no aperfeiçoamento das sociedades as razões da diminuição da espécie, observada por mais de um filósofo.

O luxo, impossível de prevenir em homens ávidos de suas próprias comodidades e da consideração dos outros, logo conclui o mal que as sociedades começaram, e, sob o falso pretexto de fazer os pobres viverem, empobrece todo o resto e, cedo ou tarde, despovoa o Estado.

O luxo é um remédio muito pior do que o mal que pretende curar; ou antes, ele mesmo é o pior de todos os males em qualquer Estado, grande ou pequeno que este possa ser, e que, para alimentar as multidões de criados e miseráveis que produziu, oprime e arruína o lavrador e o cidadão: semelhante aos ventos ardentes do sul que, cobrindo a relva e a vegetação de insetos devoradores, retiram a subsistência dos animais úteis e levam a fome e a morte a todos os lugares onde se fazem sentir.

Da sociedade e do luxo que ela engendra nascem as artes liberais e mecânicas, o comércio, as letras e todas essas inutilidades que fazem florescer a indústria, e que enriquecem e arruínam o Estado. A razão desse definhamento é muito simples. É fácil ver que, por sua natureza, a agricultura deve ser a menos lucrativa de todas as artes, porque seu produto, sendo o de uso mais indispensável a todos os homens, seu preço deve ser proporcional às capacidades dos mais pobres. Do mesmo princípio se pode tirar esta regra: em geral, as artes são lucrativas na razão inversa de sua utilidade, e as mais necessárias devem, enfim, tornar-se as mais negligenciadas. Por onde se vê o que se deve pensar das verdadeiras vantagens da indústria e do efeito real que resulta de seus progressos.

Tais são as causas sensíveis de todas as misérias nas quais a opulência enfim precipita as nações mais admiradas. À medida que a indústria e as artes se expandem e florescem, o cultivador desprezado, onerado de impostos necessários à manutenção do luxo e condenado a passar a vida entre o trabalho e a fome, abandona o campo para ir buscar nas cidades o pão que deveria levar a elas. Quanto mais as capitais enchem de admiração os olhos estúpidos do povo, tanto mais se deveria gemer de ver os campos abandonados, as terras baldias, e as estradas inundadas de infelizes cidadãos transformados em mendigos ou ladrões, e destinados a terminar um dia sua miséria na roda ou em um monturo. É assim que o Estado, se enriquecendo de um lado, se enfraquece e se despovoa de outro, e que as mais poderosas monarquias, após muito trabalho para se tornarem opulentas e desertas, acabam por se tornar a presa das nações pobres que sucumbem à funesta tentação de as invadir, e que se enriquecem e se enfraquecem por sua vez, até que sejam elas mesmas invadidas e destruídas por outras.

Que se dignem nos explicar, alguma vez, o que pôde produzir essas nuvens de bárbaros que durante tantos séculos inundaram a Europa, a Ásia e a África. Era à indústria de suas artes, à sabedoria de suas leis, à excelência de sua civilização que deviam essa prodigiosa população? Queiram nossos sábios nos dizer por que, longe de se multiplicarem a esse ponto, esses homens ferozes e brutais, sem luzes, sem freios, sem educação, não se degolavam uns aos outros a cada instante para disputar seu pasto ou sua caça. Que nos expliquem como esses miseráveis tiveram somente a ousadia de olhar de frente as pessoas tão hábeis que éramos, com uma tão bela disciplina militar, tão belos códigos e tão sábias leis. Enfim, por que, desde que a sociedade se aperfeiçoou nos países do norte, e teve tanta dificuldade para ensinar aos homens seus deveres mútuos e a arte de viver juntos agradável e pacificamente, não se vê surgir mais nada de semelhante às multidões de homens que produziam outrora. Tenho muito receio de que alguém ouse afinal me responder que todas essas grandes coisas, a saber, as artes, as ciências e as leis, foram cuidadosamente inventadas pelos homens como uma peste salutar para prevenir a excessiva multiplicação da espécie, a fim de que este mundo, que nos é destinado, não se tornasse afinal demasiado pequeno para seus habitantes.

Como então? É preciso destruir as sociedades, aniquilar o teu e o meu e voltar a viver nas florestas com os ursos? Consequência à maneira de meus adversários, que prefiro antes prevenir a lhes deixar a vergonha de a tirar. Ó vós, a quem a voz celeste não se fez ouvir, e que não reconheceis para vossa espécie outra destinação senão terminar em paz esta curta vida; vós que podeis deixar no meio das cidades vossas funestas aquisições, vossos espíritos inquietos, vossos corações corrompidos e vossos desejos desenfreados; retomai, porquanto depende de vós, vossa antiga e primeira inocência; ide aos bosques perder a visão e a memória dos crimes de vossos contemporâneos e não temais aviltar vossa espécie renunciando a suas luzes para renunciar a seus vícios. Quanto aos homens semelhantes a mim, cujas paixões destruíram para sempre a original simplicidade, que não podem mais se alimentar de erva e de bolotas, nem se abster de leis e de chefes; aqueles que foram honrados em seu primeiro pai por lições sobrenaturais; aqueles que verão, na intenção de dar primeiro às ações humanas uma moralidade que elas não tivessem há muito tempo adquirido, a razão de um preceito indiferente por si mesmo e inexplicável em qualquer outro sistema; aqueles, em suma, que estão convencidos de que a voz divina chamou todo o gênero humano às luzes e à felicidade das inteligências celestes, todos esses tentarão, pelo exercício das virtudes que se obrigam a praticar aprendendo a conhecê-las, merecer o prêmio eterno que devem esperar; eles respeitarão os sagrados laços das sociedades das quais são membros; amarão seus semelhantes e os servirão com todo o seu poder; obedecerão escrupulosamente às leis e aos homens que são seus autores e ministros; honrarão, sobretudo, os bons e sábios príncipes que saberão prevenir, curar ou atenuar esta multidão de abusos e de males sempre prontos a nos oprimir; animarão o zelo desses dignos chefes, mostrando-lhes sem temor e sem adulação a grandeza de sua tarefa e o rigor de seu dever; mas nem por isso desprezarão menos uma constituição que só pode se manter com a ajuda de tantas pessoas respeitáveis, que se deseja mais amiúde do que se as obtém, e da qual, apesar de todos os seus cuidados, nascem sempre mais calamidades reais do que vantagens aparentes.

Pág. 46

(Nota 10) Dentre os homens que conhecemos, por nós mesmos, pelos historiadores ou pelos viajantes, uns são negros, outros brancos, outros vermelhos; uns têm os cabelos compridos, outros têm a lã encaracolada; uns são quase totalmente peludos, outros não têm nem mesmo barba; houve e talvez ainda haja nações de homens de um tamanho gigantesco, e, deixando de lado a fábula dos pigmeus, que pode ser apenas um exagero, sabe-se que os lapões e sobretudo os groenlandeses estão muito abaixo do tamanho médio do homem; afirma-se mesmo que há povos inteiros que têm cauda como os quadrúpedes; e, sem acreditar cegamente nos relatos de Heródoto e Ctésias, pode-se pelo menos formar a opinião muito verossímil de que, se pudessem ter sido feitas boas observações nos tempos antigos em que os povos diversos seguiam maneiras de viver mais diferentes entre si do que hoje, também se teria notado, no aspecto e na compleição do corpo, variedades muito mais impressionantes. Todos esses fatos, dos quais é fácil fornecer provas incontestáveis, só podem surpreender os que estão acostumados a ver apenas os objetos que os cercam e ignoram os poderosos efeitos da diversidade do clima, do ar, dos alimentos, da maneira de viver, dos hábitos em geral, e, sobretudo, a força espantosa das mesmas causas quando agem continuamente sobre longas séries de gerações. Hoje, quando o comércio, as viagens e as conquistas reúnem mais os povos diversos, e suas maneiras de viver se aproximam sem cessar pela frequente comunicação, percebe-se que certas diferenças nacionais diminuíram, e, por exemplo, todos podem observar que os franceses de hoje não são mais aqueles grandes corpos brancos e louros descritos pelos historiadores latinos, embora o tempo, juntamente com a mistura de francos e normandos, eles mesmos brancos e louros, devesse ter restabelecido o que o convívio com os romanos pôde retirar da influência do clima na constituição natural e na tez dos habitantes. Todas essas observações sobre as variedades que inúmeras causas podem produzir, e, com efeito, têm produzido na espécie humana, me fazem duvidar se diversos animais semelhantes aos homens – tomados, sem muito exame, por bestas pelos viajantes por causa de algumas diferenças que eles notavam na conformação exterior, ou somente porque esses animais não falavam – não seriam de fato verdadeiros homens selvagens, cuja raça, dispersa antigamente nas florestas, não teve a ocasião de desenvolver nenhuma de suas faculdades virtuais, não adquiriu nenhum grau de perfeição, e se achava ainda no estado primitivo de natureza. Eis um exemplo do que quero dizer.

"Encontra-se no reino do Congo", diz o tradutor da *História das Viagens*, "uma quantidade desses grandes animais chamados orangotangos nas Índias Orientais, que se mantém como que no ponto médio entre a espécie humana e os babuínos. Battel conta que nas florestas de Mayomba, no reino de Loango, veem-se duas espécies de monstros, dos quais os maiores se chamam *pongos* e os outros *enjokos*. Os primeiros têm uma semelhança exata com o homem, mas são muito mais gordos e de muito alta estatura. Com um rosto humano, têm os olhos muito afundados. Suas mãos, faces e orelhas são sem pelo, com exceção das sobrancelhas, que têm muito longas. Embora tenham o resto do corpo bastante peludo, os pelos não são muito espessos e sua cor é castanha. Enfim, a única parte que os distingue dos homens é a perna, que não tem panturrilha. Andam eretos, segurando com a mão os pelos do pescoço; seu retiro é nos bosques; dormem em cima das árvores, nas quais fazem uma espécie de telhado que os cobre da chuva. Seus alimentos são frutas e nozes selvagens. Nunca comem carne. O costume dos negros que atravessam as florestas é acender fogueiras durante a noite. Eles observam que de manhã, quando partem, os pongos tomam seu lugar ao redor do fogo e não se retiram enquanto este não esteja extinto, pois, embora tenham muita destreza, não têm inteligência suficiente para conservá-lo colocando lenha."

"Às vezes andam em bandos e matam os negros que atravessam as florestas. Atacam mesmo os elefantes que vêm pastar nos lugares que habitam, e os incomodam tanto com socos e pauladas que os forçam a fugir aos gritos. Os pongos nunca são capturados vivos, porque são tão robustos que dez homens não seriam suficientes para detê-los. Mas os negros capturam muitos deles quando jovens após terem matado a mãe, ao corpo da qual o filhote se agarra fortemente. Quando um desses animais morre, os outros cobrem seu corpo com um monte de ramos e folhagens. Purchass acrescenta que, nas conversas que tivera com Battel, soube que um pongo raptou dele um negrinho, que passou um mês inteiro na companhia desses animais. Eles não fazem nenhum mal aos homens que surpreendem, pelo menos quando estes não os encaram, como o negrinho o havia observado. Battel não descreveu a segunda espécie de monstro."

"Dapper confirma que o reino do Congo está cheio desses animais que nas Índias têm o nome de orangotango, isto é, habitantes dos bosques, e que os africanos chamam de quojas-morros. Esse animal, diz ele, é tão semelhante ao homem que passou pela cabeça de alguns viajantes que podia ser oriundo de uma mulher e de um macaco, quimera que os negros mesmos rejeitam. Um desses animais foi transportado do Congo para a Holanda e apresentado ao príncipe de Orange, Frederico Henrique. Era do tamanho de uma criança de três anos, de uma corpulência medíocre, mas quadrado e bem-proporcionado, muito ágil e muito vivo; as pernas carnudas e robustas, toda a frente do corpo nua, mas a traseira coberta de pelos negros. À primeira vista, seu rosto se assemelhava ao de um homem, mas tinha o nariz chato e curvado; suas orelhas eram também as da espécie humana; seu seio, pois era uma fêmea, era rechonchudo, o umbigo afundado, as espáduas muito bem juntas, as mãos divididas em dedos e polegares, suas panturrilhas e seus calcanhares gordos e carnudos. Ele andava frequentemente ereto sobre as pernas e era capaz de erguer e carregar fardos bastante pesados. Quando queria beber, pegava com uma das mãos a tampa do jarro e com a outra segurava o fundo, em seguida enxugava graciosamente os lábios. Deitava-se para dormir, com a cabeça numa almofada, cobrindo-se com tanta destreza que seria tomado por um homem na cama. Os negros contam coisas estranhas desse animal. Afirmam não só que ele força as mulheres e as meninas, mas que ousa atacar homens armados. Em suma, há toda a aparência de ser o sátiro dos antigos. Merolla talvez se refira a esses animais quando conta que os negros capturam às vezes, em suas caçadas, homens e mulheres selvagens."

Também é falado dessas espécies de animais antropomorfos no terceiro tomo da mesma *História das viagens*, sob o nome de Beggos e de Mandrils; mas, para nos limitarmos aos relatos precedentes, encontram-se na descrição desses pretensos monstros conformidades impressionantes com a espécie humana e diferenças menores do que aquelas que se poderia apontar de homem a homem. Não se vê, nessas passagens, as razões nas quais os autores se baseiam para recusar aos animais em questão o nome de homens selvagens, mas é fácil conjecturar que é por causa de sua estupidez e também porque não falam: razões fracas para aqueles que sabem que, conquanto o órgão da fala seja natural ao homem, a fala mesma não lhe é, entretanto, natural, e para os que conhecem até que ponto sua perfectibilidade pode ter elevado o homem civil acima de seu estado original. O pequeno número de linhas que essas descrições contêm pode nos fazer julgar o quanto esses animais foram mal observados e com que preconceitos foram vistos. Por exemplo, eles são qualificados de monstros, e, no entanto, concorda-se que engendram. Em uma passagem, Battel diz que os pongos matam os negros que atravessam as florestas; em uma outra, Purchass acrescenta que não lhes fazem nenhum mal, mesmo quando os surpreendem, pelo menos se os negros não se põem a encará-los. Os pongos reúnem-se em volta das fogueiras acesas pelos negros quando estes se retiram, e se retiram, por sua vez, quando o fogo está extinto. Eis o fato; vejamos agora o comentário do observador: *embora muito habilidosos, não têm inteligência suficiente para conservá-lo colocando lenha.* Eu gostaria de saber como Battel ou Purchass, seu compilador, puderam saber que a retirada dos pongos era um efeito de sua estupidez e não de sua vontade. Em um clima como o de Loango, o fogo não é algo muito necessário para os animais, e, se os negros o acendem, é menos contra o frio do que para assustar os animais ferozes; é, portanto, muito simples que, após terem sido por algum tempo regozijados pela chama, ou terem sido bem aquecidos, os pongos se entediem de ficar sempre no mesmo lugar e se vão embora para a sua natureza, que demanda mais tempo do que se comessem carne. Aliás, sabe-se que a maior parte dos animais, sem excetuar o homem, são naturalmente preguiçosos, e que se recusam a toda sorte de cuidados que não sejam de uma absoluta necessidade. Enfim, parece muito estranho que os pongos, cuja habilidade e cuja força são louvadas, que sabem enterrar seus mortos e construir abrigos com ramagens, não saibam lançar lenha ao fogo. Lembro-me de ter visto um macaco fazer essa mesma ação que não se quer que os pongos possam fazer;

é verdade que, minhas ideias não estando então voltadas para esse aspecto, eu mesmo cometi a falta que imputo a nossos viajantes, não cheguei a examinar se a intenção do macaco era, de fato, conservar o fogo ou simplesmente, como acredito, imitar a ação de um homem. Seja como for, está bem demonstrado que o macaco não é uma variedade do homem, não só porque está privado da capacidade de falar, mas sobretudo porque se tem certeza de que sua espécie não tem a capacidade de se aperfeiçoar, que é o caráter específico da espécie humana. Não parecem ter sido feitas experiências com os pongos e o orangotango com bastante cuidado para se poder chegar à mesma conclusão. Haveria, no entanto, um meio pelo qual os observadores mais grosseiros poderiam se certificar, mesmo com demonstração, se o orangotango ou outros são da espécie humana; mas, além de uma única geração não ser suficiente para essa experiência, ela deve passar por impraticável, porque seria preciso que o que é apenas uma suposição fosse demonstrado verdadeiro, antes que a prova que deveria constatar o fato pudesse ser tentada inocentemente.

Os julgamentos precipitados, e que não são o fruto de uma razão esclarecida, estão sujeitos a incorrer no excesso. Nossos viajantes, sem a menor cerimônia, apresentam como animais, sob os nomes de pongos, mandris e orangotangos, os mesmos seres que, sob os nomes de sátiros, faunos e silvanos, os antigos apresentavam como divindades. Talvez, depois de pesquisas mais exatas, descubram que não se trata nem de animais nem de deuses, mas de homens. Entretanto, parece-me que deva haver tanta razão para reportar-se a esse respeito a Merolla – religioso letrado, testemunha ocular, e que, com toda a sua ingenuidade, não deixava de ser um homem de espírito – quanto ao comerciante Battel, a Dapper, a Purchass e a outros compiladores.

Que julgamento teriam feito tais observadores sobre a criança encontrada em 1694, sobre a qual falei antes, que não apresentava nenhum indício de razão, andava apoiada nos pés e nas mãos, não tinha nenhuma linguagem e emitia sons que em nada se assemelhavam aos de um homem? Demorou muito, continua o mesmo filósofo que me relatou esse fato, antes de poder proferir algumas palavras, ainda que o fizesse de maneira bárbara. Assim que pôde falar, interrogaram-na sobre seu primeiro estado, mas ela não se lembrava, assim como não lembramos do que nos aconteceu no berço. Se, infelizmente para ela, essa criança tivesse caído nas mãos de nossos viajantes, não se pode duvidar de que, após ter notado seu silêncio e sua estupidez, teriam decidido enviá-la de volta à floresta ou encerrá-la em um jardim zoológico, depois do que teriam habilmente contado, em belos relatos, de um animal muito curioso que se assemelhava bastante ao homem.

Embora há trezentos ou quatrocentos anos os habitantes da Europa inundem as outras partes do mundo e publiquem sem cessar novas coletâneas de viagens e de relatos, estou persuadido de que não conhecemos outros homens além dos europeus; também parece, aos preconceitos ridículos, que não estão extintos nem mesmo entre os homens de letras, que cada um dificilmente faz, sob o nome pomposo de estudo do homem, senão aquele dos homens de seu país. Os indivíduos vão e vêm, mas é como se a filosofia não viajasse: também a de cada povo é pouco apropriada a um outro. A causa disso é manifesta, pelo menos para os países distantes: dificilmente há mais do que quatro tipos de homens que façam viagens de longo curso, os marinheiros, os comerciantes, os soldados e os missionários. Ora, não se deve esperar muito que as três primeiras classes forneçam bons observadores, e quanto aos da quarta, ocupados com a vocação sublime que os chama, ainda que não estivessem sujeitos a preconceitos de estado como todos os demais, deve-se acreditar que não se entregariam de bom grado a pesquisas que parecem de pura curiosidade, e que os desviariam dos trabalhos mais importantes aos quais se destinam. Aliás, para pregar utilmente o Evangelho, basta o zelo, e Deus dá o resto; mas para estudar os homens, é preciso talentos que Deus não se compromete a dar a ninguém, e que nem sempre são partilhados com os santos. Não se abre um livro de viagens no qual não se encontrem descrições de caracteres e de costumes, mas é surpreendente ver que essas pessoas que tanto descreveram coisas não digam senão o que cada um já sabia, não saibam perceber na outra extremidade do mundo senão o que lhes teria bastado observar sem sair de sua rua, e que esses traços verdadeiros que distinguem as nações e atingem os olhos feitos para ver tenham quase sempre escapado aos seus. Daí veio esse belo adágio de moral, tão repisado pela turba de filósofos, segundo o qual os homens são em toda parte os mesmos, e tendo em toda parte as mesmas paixões e os mesmos vícios, é assaz inútil buscar caracterizar os diferentes povos; o que é quase tão bem arrazoado quanto se se dissesse que não se poderia distinguir Pedro de Tiago porque ambos têm um nariz, uma boca e olhos.

Será que nunca veremos renascer aqueles tempos felizes em que os povos não se metiam a filosofar, mas em que os Platões, os Tales e os Pitágoras, possuídos de um ardente desejo de saber, empreendiam as maiores viagens unicamente para se instruir, e iam longe para sacudir o jugo dos preconceitos nacionais, aprender a conhecer os homens por suas conformidades e por suas diferenças, e adquirir esses conhecimentos universais que não são os de um século ou de um país exclusivamente, mas, sendo de todos os tempos e lugares, são, por assim dizer, a ciência comum dos sábios?

Admira-se a magnificência de alguns curiosos que fizeram ou custearam dispendiosas viagens ao Oriente com cientistas e pintores para aí desenharem choupanas e decifrarem ou copiarem inscrições; mas tenho dificuldade de conceber como, em um século que se orgulha de belos conhecimentos, não se encontrem dois homens bem unidos, ricos, um em dinheiro, o outro em gênio, ambos amando a glória e aspirando à imortalidade, pela qual um sacrifica vinte mil escudos de seus bens e o outro dez anos de sua vida em uma célebre viagem ao redor do mundo; para aí estudar, nem sempre pedras e plantas, mas ao menos uma vez os homens e os costumes, e que, após tantos séculos empregados em medir e considerar a casa, ousem enfim querer conhecer seus habitantes.

Os acadêmicos que percorreram as partes setentrionais da Europa e meridionais da América tinham mais por objeto visitá-las como geômetras do que como filósofos. No entanto, como eram ao mesmo tempo ambas as coisas, não se pode considerar como totalmente desconhecidas as regiões que foram vistas e descritas pelos La Condamine e pelos Maupertius. O joalheiro Chardin, que viajou como Platão, nada deixou de dizer sobre a Pérsia. A China parece ter sido bem observada pelos jesuítas. Kempfer dá uma ideia razoável do pouco que viu no Japão. Com exceção desses relatos, não conhecemos de modo algum os povos das Índias orientais, frequentados unicamente por europeus mais desejosos de encher as bolsas do que a cabeça. A África inteira e seus numerosos habitantes, tão singulares pelo caráter quanto pela cor, ainda não foram estudados; toda a terra está coberta de nações das quais conhecemos apenas os nomes, e nos metemos a julgar o gênero humano! Suponhamos um Montesquieu, um Buffon, um Diderot, um Duclos, um d'Alembert, um Condillac ou homens dessa têmpera, viajando para instruir seus compatriotas, observando e descrevendo, como sabem fazer, a Turquia, o Egito, a Berbéria, o império do Marrocos, a Guiné, o país dos cafres, o interior da África e suas costas orientais, os Malabares, o Mogol, as margens do Ganges, os reinos de Sião, de Pegu e de Ava, a China, a Tartária e, sobretudo, o Japão; depois, em um outro hemisfério, o México, o Peru, o Chile, as terras magalhânicas, sem esquecer os Patagões, verdadeiros ou falsos, o Tucuman, o Paraguai, se possível, o Brasil e, finalmente, as Caraíbas, a Flórida e todas as terras selvagens, a viagem mais importante de todas, e aquela que seria preciso fazer com o maior cuidado. Suponhamos que esses novos Hércules, de volta dessas viagens memoráveis, escrevessem depois, sem pressa, a história natural, moral e política do que viram: veríamos nós mesmos sair um mundo novo de suas penas e aprenderíamos assim a conhecer o nosso. Digo que quando tais observadores afirmassem que um tal animal é um homem e que um outro é uma besta, teríamos de acreditar neles; mas seria muito simplório confiar, a esse respeito, em viajantes grosseiros, acerca dos quais seríamos às vezes tentados a fazer a mesma questão que eles se metem a resolver sobre outros animais.

Pág. 46

(Nota 11) Isso me parece da maior evidência, e não poderia conceber de onde nossos filósofos puderam engendrar todas as paixões que atribuem ao homem natural. Com exceção do simples necessário físico, que a natureza mesma exige, todas as nossas outras necessidades só existem pelo hábito, antes do qual não eram necessidades, ou por nossos desejos – e não se deseja o que não se tem condições de conhecer. De onde se conclui que, como o homem selvagem deseja apenas as coisas que conhece e conhece apenas aquelas cuja posse está em seu poder ou é fácil de adquirir, nada deve ser tão tranquilo quanto sua alma e nada tão limitado quanto seu espírito.

Pág. 51

(Nota 12) Encontro no governo civil de Locke uma objeção que me parece demasiado especiosa para que me seja permitido dissimulá-la. "O fim da sociedade entre o macho e a fêmea", diz esse filósofo, "não sendo simplesmente procriar, mas continuar a espécie, essa sociedade deve durar, mesmo após a procriação, pelo menos enquanto seja necessária para a alimentação e a conservação dos procriados, isto é, até que eles mesmos sejam capazes de prover às suas necessidades. Essa regra, que a sabedoria infinita do Criador estabeleceu sobre as obras de suas mãos, vemos que as criaturas inferiores ao homem a observam constantemente e com exatidão. Nesses animais que vivem de erva, a sociedade entre o macho e a fêmea não dura mais do que cada ato de copulação; porque as mamas da mãe, sendo suficientes para alimentar os filhotes até que sejam capazes de pastar a erva, o macho se contenta em engendrar, e não se mete mais, depois disso, com a fêmea nem com os filhotes, para cuja subsistência em nada pode contribuir. Mas em relação aos animais de presa, a sociedade dura mais tempo, porque, não podendo a mãe prover à sua própria subsistência e alimentar ao mesmo tempo seus filhotes exclusivamente com a sua presa, que é um meio de se alimentar mais laborioso e perigoso do que o de se alimentar de ervas, a assistência do macho é totalmente necessária para a manutenção de sua família comum, se pudermos usar esse termo; a qual, até que possa ir buscar alguma presa, não poderia subsistir senão pelos cuidados do macho e da fêmea. Observa-se o mesmo em todas as aves, excetuadas algumas aves domésticas que se acham em lugares onde a contínua abundância de alimento dispensa o macho do cuidado de alimentar os filhotes; vê-se que, enquanto estes estão no ninho, têm necessidade de alimentos que o macho e a fêmea lhes trazem, até que esses filhotes possam voar e prover à sua subsistência."

"E nisso consiste, na minha opinião, a principal, se não a única, razão pela qual o macho e a fêmea, no gênero humano, são obrigados a uma sociedade mais longa do que a mantida pelas outras criaturas. Essa razão é que a fêmea é capaz de conceber e geralmente volta a engravidar e faz um novo filho, muito antes que o precedente tenha condições de dispensar a ajuda dos pais e possa prover ele mesmo às suas necessidades. Assim, estando um pai obrigado a cuidar dos que ele engendrou e a manter esse cuidado por muito tempo, ele também está na obrigação de continuar a viver na sociedade conjugal com a mesma mulher de quem os teve e de permanecer nessa sociedade por muito mais tempo do que as outras criaturas, cujos filhotes, podendo subsistir por si mesmos antes que venha o tempo de uma nova procriação, a ligação do macho e da fêmea se rompe espontaneamente, e ambos se acham em uma plena liberdade até que a estação que costuma solicitar os animais a se juntarem os obrigue a escolher novos companheiros. E aqui não se poderia admirar o bastante a sabedoria do Criador, que, tendo dado ao homem qualidades próprias para prover tanto o futuro quanto o presente, quis e fez com que a sociedade do homem durasse muito mais tempo do que a do macho e da fêmea dentre as outras criaturas, a fim de que assim a indústria do homem e da mulher fosse mais estimulada e seus interesses fossem melhor unidos, tendo em vista fazer provisões para os filhos e deixá-los bem; nada sendo mais prejudicial às crianças do que uma conjunção incerta e vaga, ou uma dissolução fácil e frequente da sociedade conjugal."

O mesmo amor à verdade que me fez expor sinceramente essa objeção me estimula a acompanhá-la de algumas observações, se não para a resolver, ao menos para a esclarecer.

1. Observarei, em primeiro lugar, que as provas morais não têm uma grande força em matéria de física, e que elas servem antes para justificar fatos existentes do que para constatar a existência real desses fatos. Ora, esse é o tipo de prova que o sr. Locke emprega na passagem que acabo de citar; pois conquanto possa ser vantajoso para a espécie humana que a união do homem e da mulher seja permanente, não se segue que isso tenha sido assim estabelecido pela natureza; caso contrário teríamos de dizer que ela também instituiu a sociedade civil, as artes, o comércio e tudo o que se afirma ser útil aos homens.

2. Ignoro onde o sr. Locke descobriu que entre os animais de presa a sociedade do macho e da fêmea dura mais tempo do que entre os que vivem de erva, e que um ajuda o outro a alimentar os filhotes, pois não se vê que o cão, o gato, o urso, nem o lobo reconheçam sua fêmea melhor do que o cavalo, o carneiro, o touro, o cervo, nem todos os outros quadrupedes reconhecem a deles. Parece, ao contrário, que, se o auxílio do macho fosse necessário à fêmea para manter seus filhotes, seria sobretudo nas espécies que vivem apenas de erva, porque é preciso muito tempo para a mãe pastar, e, durante esse intervalo,

ela é forçada a negligenciar a ninhada, enquanto a presa de uma ursa ou de uma loba é devorada em um instante, e ela tem, sem passar fome, mais tempo para aleitar seus filhotes. Esse raciocínio é confirmado por uma observação sobre o número relativo de mamas e de filhotes que distingue as espécies carnívoras das frugívoras, e do qual falei na nota (8). Se essa observação é justa e geral, a fêmea tendo apenas duas mamas, e raramente gerando mais de um filhote por vez, eis uma forte razão a mais para duvidar que a espécie humana seja naturalmente carnívora; de sorte que parece que, para tirar a conclusão de Locke, seria preciso inverter totalmente seu raciocínio. Não há mais solidez na mesma distinção aplicada às aves. Pois quem poderá persuadir-se de que a união do macho e da fêmea seja mais durável entre os abutres e os corvos do que entre as rolas? Temos duas espécies de aves domésticas, a pata e o pombo, que nos fornecem exemplos diretamente contrários ao sistema desse autor. O pombo, que vive apenas de grãos, permanece unido à sua fêmea, e eles alimentam seus filhotes em comum. O pato, cuja voracidade é conhecida, não reconhece nem sua fêmea nem seus filhotes, e não ajuda em nada para a sua subsistência; e entre as galinhas, espécie que dificilmente é menos carnívora, não se vê que o galo se preocupe minimamente com a ninhada. Pois que se em outras espécies o macho partilha com a fêmea o cuidado de alimentar os filhotes, é porque as aves, que inicialmente não podem voar e cuja mãe não pode aleitar, têm muito menos condições de prescindir da assistência do pai do que os quadrúpedes, aos quais basta a mama da mãe, pelo menos durante algum tempo.

3. Há muita incerteza sobre o fato principal que serve de base a todo o raciocínio do sr. Locke. Pois para saber se, como ele pretende, no puro estado de natureza a fêmea geralmente volta a engravidar e tem um novo filho muito tempo antes que o precedente possa prover ele mesmo às suas necessidades, seriam necessárias experiências que seguramente Locke não fez e que ninguém tem condições de fazer. A coabitação contínua do marido

e da mulher é uma ocasião tão próxima de expor-se a uma nova gravidez que é bem difícil acreditar que o encontro fortuito, ou o mero impulso do temperamento, produza efeitos tão frequentes no puro estado de natureza quanto no da sociedade conjugal; lentidão que contribuiria talvez para tornar os filhos mais robustos e que, além disso, poderia ser compensada pela capacidade de conceber, prolongada até uma idade mais avançada nas mulheres que dela tivessem abusado menos na juventude. Em relação aos filhos, há muitas razões para acreditar que suas forças e seus órgãos se desenvolvem mais tarde entre nós do que o fazem no estado primitivo de que falo. A fraqueza original, que eles devem à constituição dos pais, os cuidados que se toma de envolver e imobilizar todos os seus membros, a brandura na qual são criados, talvez o uso de um outro leite que não o de sua mãe, tudo contraria e retarda neles os primeiros progressos da natureza. O fato de serem obrigados a se aplicarem a inúmeras coisas nas quais se fixa continuamente sua atenção, sem que se proponham exercícios a suas forças corporais, pode também causar um desvio considerável no seu crescimento; de sorte que, se em vez de sobrecarregar e fatigar de antemão seus espíritos de inúmeras maneiras, deixassem seus corpos se exercitarem nos movimentos contínuos que a natureza parece lhes pedir, é de se acreditar que teriam muito mais cedo condições de andar, agir e prover eles mesmos às suas necessidades.

4. Enfim, o sr. Locke prova, no máximo, que bem poderia haver no homem um motivo para permanecer ligado à mulher quando ela tem um filho, mas não prova de modo algum que ele precisou ligar-se a ela antes do parto e durante os nove meses de sua gravidez. Se tal mulher é indiferente ao homem durante esses nove meses, se mesmo se lhe torna desconhecida, por que ele a socorreria após o parto? Por que a ajudaria a criar um filho que ele não sabe se lhe pertence e cujo nascimento não decidiu nem previu? O sr. Locke supõe, evidentemente, o que está em questão. Pois não se trata de saber por que o homem permanecerá ligado à mulher após o

parto, mas sim por que se ligará a ela após a concepção. Satisfeito o apetite, o homem não tem mais necessidade de tal mulher, nem a mulher de tal homem. Este não tem o menor cuidado nem talvez a menor ideia das consequências de sua ação. Cada um vai para o seu lado, e nada indica que ao fim de nove meses tenham a lembrança de se terem conhecido, pois esse tipo de lembrança, pela qual um indivíduo dá preferência a um outro para o pacto da geração, exige, como provo no texto, mais progresso ou corrupção no entendimento humano do que se lhe pode supor no estado de animalidade de que se trata aqui. Uma outra mulher pode então contentar os novos desejos do homem tão comodamente como aquela que ele já conheceu, e um outro homem contentar igualmente a mulher, supondo-se que ela esteja premida pelo mesmo apetite durante o estado de gravidez, do que se pode razoavelmente duvidar. Se no estado de natureza a mulher não sente mais a paixão do amor após a concepção do filho, o obstáculo à sua sociedade com o homem se torna ainda muito maior, pois que então ela já não precisa nem do homem que a fecundou nem de nenhum outro. Não há, portanto, no homem nenhuma razão de buscar a mesma mulher, nem na mulher nenhuma razão de buscar o mesmo homem. O raciocínio de Locke, portanto, se arruína, e toda a dialética desse filósofo não evitou o erro que Hobbes e outros cometeram. Eles tinham que explicar um fato do estado de natureza, isto é, um estado no qual os homens viviam isolados, e no qual um homem não tinha nenhum motivo de permanecer ao lado de outro homem, nem talvez os homens de permanecerem uns ao lado dos outros, o que é bem pior; e esses filósofos não pensaram em se transportar para além dos séculos de sociedade, isto é, desses tempos nos quais os homens têm sempre uma razão para ficar perto uns dos outros, ou nos quais um homem tem frequentemente uma razão para ficar ao lado de tal homem ou de tal mulher.

Pág. 51

(Nota 13) Evitarei embarcar nas reflexões filosóficas que teriam de ser feitas sobre as vantagens e os inconvenientes da instituição das línguas: não é a mim que permitem atacar os erros vulgares, e o povo letrado respeita demais seus preconceitos para suportar pacientemente meus pretensos paradoxos. Deixemos, então, falarem pessoas às quais não se imputou o crime de ousar tomar às vezes o partido da razão contra a opinião da multidão. *"Nec quidquam felicitati humani generis decederet, si, pulsa tot linguarum peste et confusione, unam artem callerent mortales, et signis, motibus, gestibusque licitum foret quidvis explicare. Nunc vero ita comparatum est, ut animalium quae vulgo bruta creduntur, melior longe quam nostra hac in parte videatur conditio, ut pote quae promptius et forsan felicius, sensus et cogitationes suas sine interprete significent, quam ulli queant mortales, praesertim si peregrino utantur sermone"* (Is. Vossius, *de Poemat. Cant. et Viribus Rythmi*, p. 66).[9]

Pág. 56

(Nota 14) Platão, ao mostrar o quanto as ideias de quantidade discreta e suas relações são necessárias nas menores artes, zomba com razão dos autores de seu tempo que pretendiam que Palamedes havia inventado os números no cerco de Troia, como se, diz o filósofo, Agamênon ti-

9. "Nem a felicidade do gênero humano seria de alguma maneira diminuída se, banida a pestilenta e confusa multiplicidade das línguas, os mortais praticassem avidamente esta única arte, e pudessem expressar todas as coisas por meio de sinais, movimentos e gestos. Mas tal como as coisas se encontram agora, a condição dos animais que o vulgo qualifica de brutos parece, sob esse aspecto, muito melhor do que a nossa, uma vez que eles conseguem comunicar seus sentimentos e pensamentos, sem intérprete, mais rapidamente, e talvez mais fielmente do que nenhum mortal é capaz, principalmente quando usam a uma língua estrangeira." (N.T.)

vesse podido ignorar até então quantas pernas tinha. Com efeito, sente-se a impossibilidade de que a sociedade e as artes tivessem chegado onde já estavam no tempo do cerco de Troia sem que os homens tivessem o uso dos números e do cálculo; mas a necessidade de conhecer os números antes de adquirir outros conhecimentos não torna sua invenção mais fácil de imaginar; os nomes dos números, uma vez conhecidos, é fácil explicar seu sentido e suscitar as ideias que esses nomes representam, mas para inventá-los foi preciso, antes de conceber essas mesmas ideias, familiarizar-se, por assim dizer, com as meditações filosóficas, exercitar-se em considerar os seres apenas por sua essência e independentemente de qualquer outra percepção – abstração muito penosa, muito metafísica, muito pouco natural e sem a qual, no entanto, essas ideias não teriam jamais podido transportar-se de uma espécie ou de um gênero a outro, nem os números tornar-se universais. Um selvagem podia considerar separadamente sua perna direita e sua perna esquerda, ou olhá-las juntas sob a ideia indivisível de um par, sem nunca pensar que tivesse duas, pois uma coisa é a ideia representativa que nos descreve um objeto, outra é a ideia numérica que o determina. Ele podia ainda menos contar até cinco, e, conquanto pudesse notar, aplicando suas mãos uma sobre a outra, que os dedos se correspondiam exatamente, estava bem longe de pensar na sua igualdade numérica; ele não sabia a contagem dos dedos mais do que a dos cabelos, e se, após lhe explicarem o que são os números, alguém lhe dissesse que tinha tantos dedos nos pés quanto nas mãos, ele talvez ficasse muito surpreso, ao compará-los, de descobrir que isso era verdade.

Pág. 59

(Nota 15) Não se deve confundir o amor-próprio e o amor de si mesmo, duas paixões muito diferentes por sua natureza e por seus efeitos. O amor de si mesmo é um sentimento natural que leva todo animal a zelar pela sua própria conservação e que, dirigido no homem pela razão e modificado pela piedade, produz a humanidade e a virtude. O amor-próprio não é senão um sentimento relativo, artificial e nascido na sociedade, que leva cada indivíduo a dar mais importância a si do que a qualquer outro, que inspira aos homens todos os males que se fazem mutuamente e que é a verdadeira fonte da honra.

Estando isso bem entendido, digo que em nosso estado primitivo, no verdadeiro estado de natureza, o amor-próprio não existe; pois cada homem em particular não considerando a si mesmo como o único espectador que o observa, como o único ser no universo que se interessa por ele, como o único juiz de seu próprio mérito, não é possível que um sentimento originado em comparações que ele não tem condições de fazer possa germinar em sua alma. Pela mesma razão, esse homem não poderia sentir ódio nem desejo de vingança, paixões que só podem nascer da opinião de alguma ofensa recebida. E como é o desprezo ou a intenção de prejudicar, e não o mal, que constitui a ofensa, homens que não sabem nem se apreciar nem se comparar podem cometer muitas violências mútuas, quando isso lhes traz alguma vantagem, sem nunca se ofenderem reciprocamente. Em suma, cada homem vendo seus semelhantes praticamente como veria animais de uma outra espécie, pode rapinar a presa do mais fraco ou ceder a sua ao mais forte sem considerar essas rapinas senão como eventos naturais, sem o menor movimento de insolência ou despeito, e sem outra paixão senão a dor ou a alegria de um bom ou um mau sucesso.

Pág. 80

(Nota 16) É uma coisa extremamente notável que os europeus, depois de tantos anos se atormentando para trazer os selvagens das diversas regiões do mundo à sua maneira de viver, não tenham ainda podido ganhar um só, nem mesmo a favor do cristianismo, pois nossos missionários os tornam às vezes cristãos, mas nunca homens civilizados. Nada pode superar a invencível repugnância que esses pobres selvagens sentem em adotar nossos costumes e viver à nossa maneira. Se esses pobres selvagens são tão infelizes quanto se afirma, por que inconcebível depravação de juízo recusam-se constantemente a civilizar-se, imitando-nos, ou a aprender a viver felizes entre nós? Ao passo que se lê, em diversos lugares, que franceses e outros europeus refugiaram-se voluntariamente entre essas nações e aí passaram a vida inteira sem poder mais abandonar uma tão estranha maneira de viver, e vê-se, mesmo missionários sensatos, sentirem saudade, com enternecimento, dos dias calmos e inocentes que passaram entre esses povos tão desprezados. Se alguém responder que eles não têm luzes suficientes para julgar corretamente sua condição e a nossa, replicarei que a avaliação da felicidade é menos um assunto da razão do que do sentimento. Aliás, essa resposta pode se voltar contra nós com mais força ainda, pois há maior distância de nossas ideias à disposição de espírito na qual seria preciso estar para conceber o gosto que os selvagens sentem por sua maneira de viver, do que das ideias dos selvagens àquelas que podem lhes fazer conceber a nossa. Com efeito, a partir de algumas observações, é fácil ver que todos os nossos trabalhos se dirigem a somente dois objetos, a saber, as comodidades da vida para si, e a consideração para com os outros. Mas como podemos imaginar a espécie de prazer que um selvagem sente em passar a vida sozinho no meio das florestas ou pescando, ou tocando uma flauta ruim sem nunca saber tirar dela sequer uma melodia e sem se preocupar em aprender?

Várias vezes selvagens foram levados a Paris, a Londres e a outras cidades; esforçaram-se por mostrar-lhes nosso luxo, nossas riquezas e todas as nossas artes mais úteis e mais curiosas. Tudo isso nunca despertou neles mais do que uma admiração estúpida, sem o menor movimento de avidez. Lembro-me, entre outras, da história de um chefe de alguns americanos setentrionais levado à corte da Inglaterra há cerca de trinta anos. Passaram-lhe uma série de coisas diante dos olhos para tentar encontrar algum presente que pudesse lhe agradar, sem que se encontrasse alguma coisa pela qual ele parecesse se interessar. Nossas armas lhe pareciam pesadas e incômodas, nossos calçados lhe feriam os pés, nossas roupas o incomodavam, ele rejeitava tudo; enfim notaram que, tendo pego um cobertor de lã, pareceu sentir prazer em cobrir os ombros com ele. "Concorda pelo menos", disseram-lhe imediatamente, "acerca da utilidade desse objeto?" "Sim", ele respondeu, "parece-me quase tão bom quanto uma pele de animal." Não teria dito isso se tivesse usado uma e outra na chuva.

Talvez digam que é o hábito que, ligando cada um à sua maneira de viver, impede os selvagens de sentir o que há de bom na nossa; e nesse caso, deve parecer pelo menos muito extraordinário que o hábito tenha mais força para manter os selvagens no gosto de sua miséria do que os europeus no gozo de sua felicidade. Mas, para dar a essa última objeção uma resposta à qual não haja uma palavra a replicar, sem alegar todos os jovens selvagens que em vão se buscou civilizar, sem falar dos groenlandeses e dos habitantes da Islândia, que se tentou educar e alimentar na Dinamarca, e cuja tristeza e cujo desespero fizeram morrer a todos, seja de tédio, seja no mar onde haviam tentado retornar a seu país a nado, me contentarei em citar um único exemplo bem-comprovado, e que entrego ao exame dos admiradores da civilização europeia.

"Todos os esforços dos missionários holandeses do cabo da Boa Esperança nunca foram capazes de converter um único hotentote. Van der Stel, governador do Cabo, tendo tomado um deles na infância, fez com que fosse educado nos princípios da religião cristã e na prática dos costumes europeus. Vestiram-no ricamente, ensinaram-lhe várias línguas e seus progressos responderam muito bem aos cuidados empreendidos para sua educação. Depositando muitas esperanças nele, o governador o enviou às Índias com um comissário geral que o empregou utilmente nos negócios da Companhia. Ele retornou ao Cabo após a morte do comissário. Poucos dias após seu retorno, em uma visita a alguns de seus parentes hotentotes, ele decidiu despojar-se de seu traje europeu para tornar a vestir uma pele de ovelha. Voltou ao forte, nesse novo traje, carregando um pacote que continha suas antigas roupas, e as apresentou ao governador proferindo-lhe este discurso: 'Tenha a bondade, senhor, de prestar atenção no fato de que renuncio para sempre a este aparato. Renuncio também, por toda a minha vida, à religião cristã; minha resolução é viver e morrer na religião, nas maneiras e nos costumes de meus ancestrais. A única graça que lhe peço é deixar-me o colar e o cutelo que uso. Eu os guardarei por amor ao senhor'. Imediatamente, sem esperar a resposta de Van der Stel, ele fugiu e nunca mais foi visto no Cabo" (História das viagens, tomo 5, p. 175).

Pág. 86

(Nota 17) Poderiam objetar-me que, em uma tal desordem, os homens, em vez de matarem-se uns aos outros obstinadamente, se teriam dispersado se não houvesse limites para sua dispersão. Mas, primeiramente, esses limites pelo menos teriam sido os do mundo, e, caso se pense na excessiva população que resulta do estado de natureza, se verá que a terra nesse estado não teria tardado a ficar coberta de homens assim forçados a ficar reunidos. Aliás, eles teriam se dispersado se o mal tivesse sido rápido e se a mudança tivesse acontecido de um dia para o outro, mas nasciam sob o jugo, tinham o hábito de carregá-lo quando sentiam seu peso e contentavam-se em esperar a ocasião de sacudi-lo. Enfim, já acostumados a inúmeras comodidades que os forçavam a ficar reunidos, a dispersão não era mais tão fácil como nos primeiros tempos, quando cada um, não tendo necessidade senão de si mesmo, tomava sua decisão sem esperar o consentimento de um outro.

Pág. 88

(Nota 18) O marechal de V**** [Louis-Hector, duque de Villars] conta que, em uma de suas campanhas, tendo as excessivas patifarias de um fornecedor de víveres feito o exército sofrer e murmurar, ele o repreendeu rudemente e ameaçou enforcá-lo. "Essa ameaça não me atinge", respondeu-lhe audaciosamente o patife, "e sinto-me à vontade para lhe dizer que não se enforca um homem que dispõe de cem mil escudos." Não sei como isso aconteceu, acrescenta ingenuamente o marechal, mas de fato ele não foi enforcado, embora merecesse sê-lo cem vezes.

Pág. 102

(Nota 19) A justiça distributiva se oporia mesmo a essa igualdade rigorosa do estado de natureza, ainda que ela fosse praticável na sociedade civil. E como todos os membros do Estado lhe devem serviços proporcionais a seus talentos e a suas forças, os cidadãos, por sua vez, devem ser distinguidos e favorecidos proporcionalmente a seus serviços. É nesse sentido que se deve entender uma passagem de Isócrates na qual ele louva os primeiros atenienses por terem sabido distinguir qual a mais vantajosa das duas espécies de igualdade, a que consiste em fazer todos os cidadãos partilharem indiferentemente as mesmas vantagens, e a que consiste em distribuí-las segundo o mérito de cada um. Esses hábeis políticos, acrescenta o orador, banindo essa injusta igualdade que não estabelece nenhuma diferença entre os malvados e as pessoas de bem, decidiram-se determinantemente por aquela que recompensa e pune cada um segundo seu mérito. Mas, primeiramente, nunca existiu sociedade, não importa o grau de corrupção que tenha podido alcançar, na qual não se fizesse nenhuma diferença entre malvados e pessoas de bem; e, nas questões de costumes, nas quais a lei não pode fixar uma medida assaz exata para servir de regra ao magistrado, é muito sabiamente que, para não deixar a sorte ou a classificação dos cidadãos à sua discrição, ela lhe proíbe o julgamento das pessoas, reservando-lhe apenas o das ações. Somente costumes tão puros como os dos antigos romanos podiam suportar censores, e tribunais semelhantes teriam logo tudo transtornado entre nós: cabe à estima pública estabelecer a diferença entre os malvados e as pessoas de bem; o magistrado é juiz apenas do direito rigoroso; mas o povo é o verdadeiro juiz dos costumes, juiz íntegro e mesmo esclarecido acerca desse ponto, que às vezes se engana, mas nunca se corrompe. A posição dos cidadãos deve, portanto, ser regulada não por seu mérito pessoal - o que seria deixar ao magistrado o meio de fazer uma aplicação quase arbitrária da lei -, mas pelos serviços reais que eles prestam ao Estado e que são suscetíveis de uma estimativa mais exata.

FIM

Carta de Voltaire ao Sr. J.-J. Rousseau

Paris, 30 de agosto de 1755.

Recebi, senhor, seu novo livro contra o gênero humano, pelo qual lhe agradeço. Agradará aos homens, a quem diz suas verdades, mas não os corrigirá. Não se pode pintar com cores mais fortes os horrores da sociedade humana, dos quais nossa ignorância e nossa fraqueza prometem uma à outra tantas consolações. Jamais se empregou tanto espírito em querer nos tornar animais; sente-se vontade de andar de quatro quando se lê sua obra. No entanto, como há mais de sessenta anos perdi o hábito de fazê-lo, infelizmente sinto que me é impossível retomá-lo, e deixo esse aspecto natural para aqueles que são mais dignos do que o senhor e eu. Não posso tampouco embarcar para ir encontrar os selvagens do Canadá: primeiramente porque as doenças que me afligem me mantêm perto do maior médico da Europa, e porque não encontraria os mesmos socorros entre os Missouris; em segundo lugar, porque a guerra está sendo travada nesses países, e os exemplos de nossas nações tornaram os selvagens quase tão malvados quanto nós. Limito-me a ser um selvagem pacífico na solidão que escolhi junto a sua pátria, onde o senhor devia estar.

Convenho consigo que as belas-letras e as ciências têm causado às vezes muito mal. Os inimigos de Tasso fizeram de sua vida um tecido de infortúnios; os de Galileu o fizeram gemer nas prisões, aos setenta anos, por ter conhecido o movimento da terra; e o que há de mais vergonhoso é que o obrigaram a se retratar. Assim que seus amigos começaram o Dicionário Enciclopédico, aqueles que ousaram ser seus rivais os trataram de deístas, ateus e até mesmo de Jansenistas.

Se eu ousasse contar-me entre aqueles cujos labores tiveram apenas a perseguição por recompensa, eu lhe mostraria pessoas implacáveis em perder-me desde o dia em que dei a tragédia de Édipo; uma biblioteca de calúnias ridículas impressa contra mim; um padre ex-jesuíta, que eu havia salvado do último suplício, pagando-me com libelos difamatórios pelo serviço que lhe havia prestado; um homem, mais culpado ainda, fazendo imprimir minha própria obra sobre o *Século de Luís XIV* com notas nas quais a mais crassa ignorância vomita as mais infames imposturas; um outro, que vende a um livreiro alguns capítulos de uma pretensa História Universal, sob o meu nome; o livreiro assaz ávido por imprimir esse tecido disforme de erros grosseiros, datas falsas, fatos e nomes estropiados, e, enfim, homens assaz covardes e assaz malvados para me imputar a publicação dessa rapsódia. Eu lhe mostraria a sociedade infectada desse tipo de homens desconhecidos em toda a antiguidade, que, não podendo abraçar uma profissão honesta, seja de operário, seja de lacaio, e sabendo infelizmente ler e escrever, tornam-se agentes literários, vivem de nossas obras, roubam manuscritos, os desfiguram e os vendem. Eu poderia reclamar que fragmentos de uma piada feita há quase trinta anos sobre o mesmo assunto que Chapelain teve a tolice de tratar seriamente, hoje correndo o mundo pela infidelidade e a avareza desses infelizes que misturaram suas grosserias com esta brincadeira, que lhe preencheram os vazios tanto com tolice quanto com malícia, e que enfim, ao cabo de trinta anos, vendem por toda parte em manuscrito o que pertence exclusivamente a eles, e que só é digno deles. Acrescentaria que, por último, roubaram uma parte dos materiais que eu havia reunido nos arquivos públicos para serem utilizados na *História da Guerra de 1741*, quando eu era historiógrafo da França; venderam a um livreiro de Paris este fruto do meu trabalho; apropriaram-se à vontade do meu bem, como se eu já estivesse morto, e o desnaturaram para colocá-lo em leilão. Eu retrataria a ingratidão, a impostura e a rapina, me perseguindo por quarenta anos até o sopé dos Alpes, até a beira do meu túmulo. Mas o que concluirei de todas essas tribulações? Que não devo reclamar; que Pope, Descartes, Bayle, o Camões e uma centena de outros sofreram as mesmas injustiças, e maiores; que esse destino é o de quase todos aqueles que o amor às letras seduziu demais.

Admita, com efeito, senhor, que tais são desses pequenos infortúnios particulares que dificilmente a sociedade percebe. Que importa para o gênero humano que algumas vespas pilhem o mel de algumas abelhas? Os homens de letras fazem muito barulho por causa de todas essas pequenas querelas, o resto do mundo as ignora ou ri-se delas.

De todos os amargores espalhados sobre a vida humana, esses são os menos funestos. Os espinhos vinculados à literatura e a um pouco de reputação não passam de flores em comparação com os outros males que, desde sempre, têm inundado a terra. Admita que nem Cícero, nem Varrão, nem Lucrécio, nem Virgílio, nem Horácio tiveram a menor participação nas proscrições. Mário era um ignorante; o bárbaro Sylla, o crapuloso Antônio, o imbecil Lépido, mal liam Platão e Sófocles; e quanto a esse tirano sem coragem, Otávio Cépias, tão lassamente apelidado Augusto, só teve um assassino detestável no tempo em que foi privado da sociedade dos homens de letras.

Admita que Petrarca e Boccaccio não causaram problemas na Itália; admita que a brincadeira de Marot não produziu a São Bartolomeu, e que a tragédia do Cid não causou os problemas da Fronda.

Os grandes crimes praticamente só foram cometidos por célebres ignorantes. O que faz e fará sempre deste mundo um vale de lágrimas é a insaciável ganância e o indomável orgulho dos homens, desde Tomás Kouli-Kan, que não sabia ler, até um funcionário da aduana, que só sabia numerar. As letras nutrem a alma, a retificam, a consolam; elas lhe servem, senhor, no momento em que escreve contra elas; o senhor é como Aquiles, que se encoleriza contra a glória, e como o padre Malebranche, cuja imaginação brilhante escreveu contra a imaginação.

Se alguém deve reclamar das letras, sou eu, pois, em todos os tempos e em todos os lugares, elas serviram para me perseguir; mas é preciso amá-las apesar do abuso que se faz delas, como é preciso amar a sociedade cujas doçuras tantos homens malvados corrompem; como é preciso amar a pátria, conquanto se sofra injustiças nela; como é preciso amar e servir ao Ser Supremo, apesar das superstições e do fanatismo que tantas vezes desonram seu culto.

O Sr. Chappuis disse-me que sua saúde está bem ruim; deveria vir restabelecê-la no ar natal, desfrutar da liberdade, beber comigo o leite de nossas vacas e pastar nossas ervas.

Sou muito filosoficamente e com a mais terna estima, etc.

Resposta [a Voltaire]

Paris, 10 de setembro de 1755.

Cabe a mim, senhor, agradecer-lhe em todos os aspectos. Ao oferecer-lhe o esboço de meus tristes devaneios, não julguei de modo algum dar-lhe um presente que lhe fosse digno, mas dispensar-me de um dever e prestar-lhe uma homenagem que todos lhe devemos como a nosso chefe. Sensível, aliás, à honra que faz à minha pátria, partilho consigo o reconhecimento de meus concidadãos e espero que este aumente ainda mais quando eles tiverem aproveitado as instruções que puder lhes dar. Embeleze o asilo que escolheu, esclareça um povo digno de suas lições, e, sabendo descrever tão bem as virtudes e a liberdade, ensine-os a amá-las dentro de nossos muros como em seus escritos. Tudo o que se aproxima do senhor deve aprender consigo o caminho da glória.

Veja que não aspiro a restabelecer-nos em nossa animalidade, embora eu lamente muito, de minha parte, o pouco que perdi dela. A seu respeito, senhor, esse retorno seria um milagre, ao mesmo tempo tão grande e tão prejudicial, que pertenceria somente a Deus fazê-lo, e somente ao diabo querê-lo. Não tente, portanto, voltar a andar de quatro; ninguém no mundo conseguiria fazê-lo menos do que o senhor. O senhor nos ergueu bem demais sobre nossos dois pés para deixar de se apoiar sobre os seus.

Convenho acerca de todas as desgraças que perseguem os homens célebres nas letras; convenho mesmo acerca de todos os males vinculados à humanidade e que parecem independentes de nossos vãos conhecimentos. Os homens abriram sobre si mesmos tantas fontes de misérias que, quando o acaso os desvia de alguma, dificilmente são menos inundados por elas. Aliás, há no progresso das coisas ligações ocultas que o vulgo não percebe, mas que não escaparão ao olhar do sábio que queira refletir. Não foi Terêncio, nem Cícero, nem Virgílio, nem Sêneca, nem Tácito, não foram os sábios nem os poetas que produziram os infortúnios de Roma e os crimes dos romanos; mas sem o veneno lento e secreto que corrompia pouco a pouco o mais vigoroso governo que a história fez menção, nem Cícero, nem Lucrécio, nem Salústio teriam existido ou não teriam escrito. O século amável de Lélio e de Terêncio trouxe de longe o século brilhante de Augusto e de Horácio, e, enfim, os séculos horríveis de Sêneca e Nero, de Domiciano e Marcial. O gosto pelas letras e pelas artes nasce, em um povo, de um vício interior que ele aumenta; e, se é verdade que todos os progressos humanos são perniciosos à espécie, aqueles do espírito e dos conhecimentos, que aumentam nosso orgulho e multiplicam nossos extravios, logo aceleram nossos infortúnios. Mas chega um tempo em que o mal é tal que as causas mesmas que o fizeram nascer são necessárias para o impedir de aumentar; é preciso deixar o ferro na ferida para que o ferido não expire ao arrancá-lo. Quanto a mim, se tivesse seguido minha primeira vocação e não tivesse nem lido nem escrito, teria sem dúvida sido mais feliz. No entanto, se as letras fossem agora aniquiladas, eu seria privado do único prazer que me resta. É no seio delas que me consolo de todos os meus males: é entre aqueles que as cultivam que saboreio as doçuras da amizade e aprendo a gozar a vida sem temer a morte. Devo a elas o pouco que sou; devo a elas mesmo a honra de ser conhecido pelo senhor. Mas consultemos o interesse em nossas ocupações e a verdade em nossos escritos. Embora sejam necessários filósofos, historiadores e sábios para esclarecer o mundo e conduzir seus cegos habitantes, se o sábio Memnon me disse a verdade, nada conheço de tão louco quanto um povo de sábios.

Convenha, senhor: se é bom que grandes gênios instruam os homens, é preciso que o vulgo receba suas instruções; se cada um se puser a dá-las, quem vai querer recebê-las? Os coxos, diz Montaigne, não são aptos aos exercícios do corpo, e as almas coxas aos exercícios do espírito.

Mas, neste século erudito, vemos apenas coxos querendo ensinar os outros a andar. O povo recebe os escritos dos sábios para julgá-los, não para se instruir. Nunca se viu tantos Dandins. O teatro pulula deles, os cafés ressoam suas sentenças; eles as estampam nos jornais, os quais estão cobertos de seus escritos; e porque as pessoas aplaudem o *Orphelin*,[10] um rabugento, tão incapaz de perceber os defeitos quanto de sentir as belezas dessa peça, põe-se a criticá-la.

Busquemos a primeira fonte das desordens da sociedade, descobriremos que todos os males dos homens lhes advêm do erro, bem mais do que da ignorância, e que o que não sabemos nos prejudica muito menos do que o que acreditamos saber. Ora, que meio mais certo de cometer um erro atrás do outro, senão o furor de saber tudo? Se não tivessem pretendido saber que a terra não girava, não teriam

10. Tragédia de Voltaire encenada nessa época. (N.T.)

punido Galileu por ter dito que ela girava. Se apenas os filósofos tivessem reclamado esse título, a Enciclopédia não teria perseguidores. Se cem mirmidões não aspirassem à glória, o senhor desfrutaria em paz a sua, ou pelo menos não teria rivais à sua altura.

Não se surpreenda, portanto, de sentir alguns espinhos inseparáveis das flores que coroam os grandes talentos. As injúrias de seus inimigos são as aclamações satíricas que seguem o cortejo dos triunfadores: é a ânsia do público por todos os seus escritos que produz os roubos dos quais se queixa, mas as falsificações não são fáceis, pois nem o ferro nem o chumbo se ligam com o ouro. Permita-me dizer-lhe o interesse que tenho por seu repouso e por nossa instrução. Despreze os clamores vãos pelos quais buscam menos fazer-lhe um mal do que impedi-lo de fazer o bem. Quanto mais o criticarem, mais deve fazer com que o admirem. Um bom livro é uma terrível resposta a injúrias impressas; e quem ousaria atribuir-lhe textos que não escreveu, enquanto os que escreve são inimitáveis?

Sou sensível a seu convite; e se este inverno deixar-me em condições de ir na primavera habitar minha pátria, aí aproveitarei sua generosidade. Mas gostaria mais de beber a água de sua fonte do que o leite de suas vacas, e quanto às plantas de seu pomar, receio não encontrar senão o lótus, que não é alimento dos animais, e o moli, que impede os homens de se o tornarem.

Sou, de todo o meu coração e com todo o respeito etc.

Carta de J.-J. Rousseau ao Sr. Philopolis

O senhor deseja que eu lhe responda, porquanto me faz perguntas. Trata-se, aliás, de uma obra dedicada a meus concidadãos; devo, ao defendê-la, justificar a honra que eles me fizeram de aceitá-la. Deixo de lado, em sua carta, o que me concerne em bem e em mal porque um compensa mais ou menos o outro, porque tenho pouco interesse nisso, e o público ainda menos, e porque tudo isso em nada contribui para a busca da verdade. Começo, pois, pelo raciocínio que me propôs como essencial à questão que tentei resolver.

O estado de sociedade, diz o senhor, resulta imediatamente das faculdades do homem e, por conseguinte, de sua natureza. Querer que o homem não se tornasse sociável seria, então, querer que ele não fosse homem, e insurgir-se contra a sociedade humana seria atacar a obra de Deus. Permita-me, senhor, propor-lhe uma objeção antes de resolver a sua. Eu lhe pouparia esse desvio se conhecesse um meio mais seguro para chegar ao fim.

Suponhamos que alguns sábios descobrissem um dia o segredo de acelerar a velhice e a arte de encorajar os homens a fazerem uso dessa rara descoberta. Persuasão que talvez não fosse tão difícil de se produzir quanto parece à primeira vista, já que a razão, esse grande veículo de todas as nossas tolices, não haveria de nos faltar para esta.

Os filósofos, sobretudo, e as pessoas sensatas, para sacudirem o jugo das paixões e gozarem o precioso repouso da alma, alcançariam a passos largos a idade de Nestor, e renunciariam de bom grado aos desejos que se podem satisfazer a fim de se proteger daqueles que é preciso sufocar. Haveria apenas alguns atordoados que, enrubescendo até mesmo de sua fraqueza, quereriam loucamente ficar jovens e felizes em vez de envelhecer para serem sábios.

Suponhamos que um espírito singular, bizarro, em suma, um homem de paradoxos, resolvesse então reprovar aos outros a absurdidade de suas máximas, provando-lhes que correm para a morte ao buscarem a tranquilidade, que cometem desvarios de tanto serem razoáveis e que, se é preciso que sejam velhos um dia, deveriam tentar ao menos sê-lo o mais tarde possível.

Nem é preciso perguntar se nossos sofistas, temendo o descrédito de seu arcano, se apressariam em interromper esse discursador importuno. "Sábios velhotes", eles diriam a seus seguidores, "agradeçam ao céu as graças que ele concede e se felicitem sem cessar de ter seguido tão bem suas vontades. Vocês estão decrépitos, é verdade, lânguidos, caquéticos; tal é a sorte inevitável do homem; mas seu entendimento está sadio; estão com todos os membros aleijados, mas sua cabeça está mais livre; não poderiam agir, mas falam como oráculos; e, se suas dores aumentam dia a dia, sua filosofia aumenta com elas. Lastimem essa juventude impetuosa cuja saúde brutal a priva dos bens associados à fraqueza de vocês. Felizes enfermidades que reúnem ao seu redor tantos hábeis farmacêuticos providos de mais drogas do que vocês têm de males, tantos sábios médicos que conhecem a fundo sua pulsação, que sabem em grego o nome de todos os seus reumatismos, tantos zelosos consoladores e herdeiros fiéis que os conduzem agradavelmente à sua última hora.

Quantos socorros seriam perdidos por vocês se não tivessem sabido proporcionar a si mesmos os males que os tornaram necessários."

Podemos imaginar que, apostrofando então nosso imprudente conselheiro, eles lhe falariam mais ou menos assim:

"Deixe, declamador temerário, de fazer, esse discurso ímpio. Ousa culpar assim a vontade daquele que fez o gênero humano? O estado de velhice não decorre da constituição do homem? Não é natural ao homem envelhecer? Que faz então no seu discurso sedicioso senão atacar uma lei da natureza e, por conseguinte, a vontade do Criador? Pois que se o homem envelhece é porque Deus quer que ele envelheça. Os fatos são algo além da expressão de sua vontade? Saiba que o homem jovem não é aquele que Deus quis fazer, e que para apressar-se a obedecer a suas ordens, é preciso ter pressa de envelhecer."

Tudo isso suposto, eu lhe pergunto, senhor, se o homem de paradoxos deve se calar ou responder; e, nesse último caso, queira me indicar o que ele deve dizer e tentarei então resolver sua objeção.

Porquanto pretende me atacar por meu próprio sistema, peço que não se esqueça de que, na minha opinião, a sociedade é natural à espécie humana, assim como a decrepitude ao indivíduo, e que os povos precisam de artes, leis e governos assim como os velhos precisam de muletas. A única diferença é que o estado de velhice decorre apenas da natureza do homem, enquanto o da sociedade decorre da natureza do gênero humano, não imediatamente, como o senhor diz, mas somente, como provei, com a ajuda de certas circunstâncias exteriores que podiam acontecer ou não, ou pelo menos chegar mais cedo ou mais tarde, e, por conseguinte, acelerar ou retardar o progresso. Várias dessas circunstâncias dependem mesmo da vontade dos homens; para estabelecer uma paridade perfeita, fui obrigado a supor no indivíduo o poder de acelerar sua velhice, assim como a espécie tem o poder de retardar a sua. O estado de sociedade tendo, portanto, um termo extremo ao qual os homens podem decidir chegar mais cedo ou mais tarde, não é inútil mostrar-lhes o perigo de irem tão depressa e as misérias de uma condição que eles consideram como a perfeição da espécie.

Ante a enumeração dos males pelos quais os homens são oprimidos e que sustento serem sua própria obra, o senhor me assegura, com Leibniz, que tudo vai bem e que assim a providência é justificada. Eu estava longe de acreditar que ela tivesse necessidade, para sua justificação, do socorro da filosofia leibniziana ou de qualquer outra. Pensa seriamente, o senhor mesmo, que um sistema de filosofia, qualquer que seja, possa ser mais irrepreensível do que o universo, e que, para desculpar a providência, os argumentos de um filósofo sejam mais convincentes do que as obras de Deus? De resto, negar que o mal existe é um meio muito cômodo de escusar o autor do mal. Os estoicos tornaram-se outrora ridículos por muito menos.

Segundo Leibniz e Pope, tudo o que existe é bom. Se há sociedades, é porque o bem geral quis que as houvesse; se não as há, o bem geral quis que não as houvesse, e, se alguém convencesse os homens a voltar a viver nas florestas, seria bom que eles voltassem a viver lá. Não se deve aplicar à natureza das coisas uma ideia de bem ou de mal tirada apenas de suas relações, pois elas podem ser boas relativamente ao todo, conquanto más em si mesmas. O que concorre para o bem geral pode ser um mal particular do qual é permitido se livrar quando possível. Pois se esse mal, enquanto suportado, é útil ao todo, o bem contrário que se busca pôr em seu lugar não lhe será menos útil, contanto que aconteça. Pela mesma razão de que tudo é bom como é, se alguém se esforça por mudar o estado de coisas, é bom que se esforce por mudá-lo; e se é bom ou mau que o consiga, é o que se pode saber apenas do acontecimento e não da razão. Nada impede nisso que o mal particular não seja um mal real para aquele que o sofre. Seria bom para o todo que fôssemos civilizados, pois que o somos, mas certamente teria sido melhor para nós não o sermos. Leibniz jamais teria tirado de seu sistema algo que pudesse combater essa proposição, e é claro que o otimismo naturalmente não faz nada nem a favor nem contra mim.

Assim, não é nem a Leibniz nem a Pope que devo responder, mas somente ao senhor que, sem distinguir o mal universal que eles negam do mal particular que eles não negam, afirma que basta uma coisa existir para que não seja permitido desejar que ela existisse de outro modo. Mas, senhor, se tudo está bem como está, tudo estava bem como estava antes que houvesse governos e leis; portanto, foi no mínimo supérfluo estabelecê-los, e Jean-Jacques, neste seu sistema, levaria a melhor sobre Philopolis. Se tudo está bem como está da maneira como o senhor entende, para que corrigir nossos vícios, curar nossos males, reparar nossos erros? Para que servem nossas cátedras, nossos tribunais, nossas academias? Por que mandar chamar um médico quando o senhor tem febre? Como sabe se o bem do todo maior, que o senhor não conhece, não exige que o senhor tenha esse êxtase, e se a saúde dos habitantes de Saturno ou de Sírius não sofreria com o restabelecimento da sua? Deixe tudo correr como puder a fim de que tudo vá sempre bem. Se tudo é o melhor que pode ser, o senhor deve censurar qualquer ação, pois toda ação produz necessariamente alguma mudança no estado em que estão as coisas no momento em que ela se produz; não se pode, portanto, tocar em nada sem fazer mal, e o quietismo mais perfeito é a única virtude que resta ao homem. Enfim, se tudo está bem como está, é bom que haja lapões, esquimós, algonquinos, chicacas e caraíbas que prescindam de nossa civilização, hotentotes que zombem dela e um genebrino que as aprove. O próprio Leibniz concordaria com isso.

O homem, diz o senhor, é tal como o exigia o lugar que ele devia ocupar no universo. Mas os homens diferem de tal maneira segundo os tempos e os lugares que, com uma semelhante lógica, se estaria sujeito a tirar, do particular ao universal, consequências muito contraditórias e muito pouco conclusivas. Basta um erro de geografia para abalar toda essa pretensa doutrina que deduz o que deve ser daquilo que se vê. Os castores é que se abrigam em tocas, dirá o índio, o homem deve dormir ao ar livre numa rede pendurada entre árvores. Não, não, dirá o tártaro, o homem foi feito para dormir em uma carroça. Pobres coitados, exclamarão nossos Philopolis com um ar de piedade, não veem que o homem foi feito para construir cidades? Quando se trata de raciocinar sobre a natureza humana, o verdadeiro filósofo não é nem índio, nem tártaro, nem de Genebra, nem de Paris, mas é homem.

Que o macaco seja um animal, eu o creio e disse a razão disso; que o orangotango também o seja, eis o que o senhor teve a bondade de me ensinar, e confesso que, depois dos fatos que citei, essa prova me parecia difícil. O senhor filosofa muito bem para se pronunciar sobre esse ponto tão levianamente como nossos viajantes, que às vezes se expõem, sem muita cerimônia, a colocar seus semelhantes na classe dos animais. O senhor certamente prestará um favor ao público e instruirá até mesmo os naturalistas dizendo-nos que meios emprega para decidir essa questão.

Em minha epístola dedicatória, felicitei minha pátria por ter um dos melhores governos que possam existir. Demonstrei, no Discurso, que devia haver pouquíssimos bons governos. Não vejo onde está a contradição que notou nisso. Mas como o senhor sabe que eu viveria nos bosques, se minha saúde permitisse, e não entre meus concidadãos pelos quais conhece minha afeição? Longe de dizer algo semelhante em minha obra, deve ter visto nela razões muito fortes para não escolher esse gênero de vida. Sinto demasiado, em meu interior, quão pouco posso prescindir de viver com homens tão corruptos como eu, e mesmo o sábio, se houver algum, não buscará hoje a felicidade no fundo de um deserto. É preciso, quando se pode, fixar residência na pátria para amá-la e servi-la. Feliz aquele que, privado dessa vantagem, pode ao menos viver entre amigos na pátria comum do gênero humano, nesse asilo imenso aberto a todos os homens, onde se comprazem igualmente a austera sabedoria e a juventude folgazã; onde reinam a humanidade, a hospitalidade, a doçura e todos os encantos de uma sociedade fácil; onde o pobre ainda encontra amigos, a virtude, exemplos que a animam, e a razão, guias que a esclarecem. É nesse grande teatro da fortuna, do vício e às vezes das virtudes que se pode observar com proveito o espetáculo da vida. Mas é em seu país que cada um deveria terminar em paz a sua.

Sinto que o senhor me censura bem gravemente por uma reflexão que me parece muito justa, e que, justa ou não, não tem de modo algum, em meu escrito, o sentido que o senhor quer dar-lhe pela adição de uma única letra. *Se a natureza nos destinou a ser santos*, o senhor me faz dizer, *ouso quase assegurar que o estado de reflexão é um estado antinatural e que o homem que medita é um animal depravado.* Confesso-lhe que, se tivesse assim confundido a saúde com a santidade, e a proposição fosse verdadeira, eu me acreditaria prefeitamente capaz de, eu mesmo, tornar-me um grande santo no outro mundo ou de, pelo menos, conduzir-me sempre bem neste.

Finalizo, senhor, respondendo a suas três últimas questões. Não abusarei do tempo que me dá para refletir sobre elas: é um cuidado que eu já havia tomado de antemão.

Um homem, ou qualquer outro ser sensível que nunca tivesse conhecido a dor, teria piedade e se comoveria à visão de uma criança sendo degolada? Respondo que não.

Por que a populaça à qual o sr. Rousseau concede uma tão grande dose de piedade se compraz tão avidamente com o espetáculo de um infeliz que morre agonizando na roda? Pela mesma razão que o senhor vai chorar no teatro e ver Seide degolar o pai, ou Tieste beber o sangue de seu filho. A piedade é um sentimento tão delicioso que não é surpreendente que se busque senti-lo. Aliás, cada um tem uma curiosidade secreta de estudar os movimentos da natureza nas proximidades daquele momento temível que ninguém pode evitar. Junte a isso o prazer de ser durante dois meses o orador do bairro e de contar pateticamente aos vizinhos a bela morte do último supliciado.

A afeição que as fêmeas dos animais demonstram por seus filhotes tem por objeto esses filhotes ou a mãe? Primeiro a mãe, para sua necessidade; depois os filhotes, por hábito. É o que digo no Discurso. *Se por acaso fosse esta, o bem-estar dos filhotes estaria assim mais garantido.* Acredito que sim. No entanto essa máxima deve ter um alcance mais limitado, pois, tão logo os pintos saem do ovo, a galinha não parece ter necessidade deles e mesmo assim sua ternura materna não os cede a nenhuma outra.

Eis aí, senhor, minhas respostas. Observe, de resto, que, tanto aqui como no primeiro discurso, sou sempre o monstro que sustenta que o homem é naturalmente bom, ao passo que meus adversários são sempre os homens de bem que, para a edificação pública, se esforçam por provar que a natureza fez apenas celerados.

Sou, o quanto se pode ser de alguém que não se conhece, senhor, etc.

Vozes de Bolso

- *Assim falava Zaratustra* – Friedrich Nietzsche
- *O príncipe* – Nicolau Maquiavel
- *Confissões* – Santo Agostinho
- *Brasil: nunca mais* – Mitra Arquidiocesana de São Paulo
- *A arte da guerra* – Sun Tzu
- *O conceito de angústia* – Søren Aabye Kierkegaard
- *Manifesto do Partido Comunista* – Friedrich Engels e Karl Marx
- *Imitação de Cristo* – Tomás de Kempis
- *O homem à procura de si mesmo* – Rollo May
- *O existencialismo é um humanismo* – Jean-Paul Sartre
- *Além do bem e do mal* – Friedrich Nietzsche
- *O abolicionismo* – Joaquim Nabuco
- *Filoteia* – São Francisco de Sales
- *Jesus Cristo Libertador* – Leonardo Boff
- *A Cidade de Deus – Parte I* – Santo Agostinho
- *A Cidade de Deus – Parte II* – Santo Agostinho
- *O conceito de ironia constantemente referido a Sócrates* – Søren Aabye Kierkegaard
- *Tratado sobre a clemência* – Sêneca
- *O ente e a essência* – Santo Tomás de Aquino
- *Sobre a potencialidade da alma* – De quantitate animae – Santo Agostinho
- *Sobre a vida feliz* – Santo Agostinho
- *Contra os acadêmicos* – Santo Agostinho
- *A Cidade do Sol* – Tommaso Campanella
- *Crepúsculo dos ídolos ou Como se filosofa com o martelo* – Friedrich Nietzsche
- *A essência da filosofia* – Wilhelm Dilthey
- *Elogio da loucura* – Erasmo de Roterdã
- *Utopia* – Thomas Morus
- *Do contrato social* – Jean-Jacques Rousseau
- *Discurso sobre a economia política* – Jean-Jacques Rousseau
- *Vontade de potência* – Friedrich Nietzsche
- *A genealogia da moral* – Friedrich Nietzsche
- *O banquete* – Platão
- *Os pensadores originários* – Anaximandro, Parmênides, Heráclito
- *A arte de ter razão* – Arthur Schopenhauer
- *Discurso sobre o método* – René Descartes
- *Que é isto – A filosofia?* – Martin Heidegger
- *Identidade e diferença* – Martin Heidegger
- *Sobre a mentira* – Santo Agostinho
- *Da arte da guerra* – Nicolau Maquiavel
- *Os direitos do homem* – Thomas Paine
- *Sobre a liberdade* – John Stuart Mill
- *Defensor menor* – Marsílio de Pádua
- *Tratado sobre o regime e o governo da cidade de Florença* – J. Savonarola
- *Primeiros princípios metafísicos da Doutrina do Direito* – Immanuel Kant
- *Carta sobre a tolerância* – John Locke
- *A desobediência civil* – Henry David Thoureau
- *A ideologia alemã* – Karl Marx e Friedrich Engels
- *O conspirador* – Nicolau Maquiavel
- *Discurso de metafísica* – Gottfried Wilhelm Leibniz
- *Segundo tratado sobre o governo civil e outros escritos* – John Locke
- *Miséria da filosofia* – Karl Marx
- *Escritos seletos* – Martinho Lutero
- *Escritos seletos* – João Calvino
- *Que é a literatura?* – Jean-Paul Sartre
- *Dos delitos e das penas* – Cesare Beccaria
- *O anticristo* – Friedrich Nietzsche
- *À paz perpétua* – Immanuel Kant
- *A ética protestante e o espírito do capitalismo* – Max Weber
- *Apologia de Sócrates* – Platão
- *Da república* – Cícero
- *O socialismo humanista* – Che Guevara
- *Da alma* – Aristóteles
- *Heróis e maravilhas* – Jacques Le Goff
- *Breve tratado sobre Deus, o ser humano e sua felicidade* – Baruch de Espinosa
- *Sobre a brevidade da vida & Sobre o ócio* – Sêneca
- *A sujeição das mulheres* – John Stuart Mill
- *Viagem ao Brasil* – Hans Staden
- *Sobre a prudência* – Santo Tomás de Aquino
- *Discurso sobre a origem e os fundamentos da desigualdade entre os homens* – Jean-Jacques Rousseau

EDITORA VOZES LTDA.
Rua Frei Luís, 100 – Centro – Cep 25689-900 – Petrópolis, RJ
Tel.: (24) 2233-9000 – Fax: (24) 2231-4676 – E-mail: vendas@vozes.com.br

UNIDADES NO BRASIL: Belo Horizonte, MG – Brasília, DF – Campinas, SP – Cuiabá, MT
Curitiba, PR – Fortaleza, CE – Juiz de Fora, MG – Petrópolis, RJ – Recife, PE – São Paulo, SP